所谓会销售，
就是情商高

陆 冰 著

天津出版传媒集团

天津科学技术出版社

图书在版编目（CIP）数据

所谓会销售，就是情商高 / 陆冰著. -- 天津 ： 天津科学技术出版社，2017.8（2017.11重印）

ISBN 978-7-5576-3059-1

Ⅰ．①所… Ⅱ．①陆… Ⅲ．①销售－方法 Ⅳ．①F713.3

中国版本图书馆CIP数据核字(2017)第121383号

责任编辑：方 艳

天津出版传媒集团

天津科学技术出版社出版

出版人：蔡 颢
天津市西康路35号　　邮编：300051
电话（022）23332695（编辑部）
网址：www.tjkjcbs.com.cn
新华书店经销
大厂回族自治县彩虹印刷有限公司印刷

开本 710×1000　1/16　印张14.5　字数132 000
2017年11月第1版第2次印刷
定价：39.00元

前言

我们的情商不算低,但还要努力多升几级

在各行各业中,最具有普适性的工种大概要首推销售。销售员是沟通商品与消费者的桥梁,直接担负着社会经济交换最终环节的使命。销售类岗位从基层到高层无所不在,所以许多专业不对口的同学都跻身浩浩荡荡的销售队伍中,为如何找准客户和销售产品殚精竭虑。

尽管销售工作对学历、专业等方面的要求比较宽松,却也不是毫无门槛的。无论哪个行业,销售人员都必须具备机智、顽强、大胆、精明、热情等素质。没有高智商,就找不到产品销路;但没有高情商,就算有渠道也会被客户拒绝。绝大部分人的智商都是中等水平,时而陷入低谷,一窍不通;时而超常发挥,出人意料。相对而言,人们在情商方面的差异比智商大多了。

有的人说话、做事令周围的人感到舒服,大家都希望跟他搞好关系、互惠互利,这一类人被社会定义为高情商人士;有的人说话、做事

令周围的人感到厌恶，大家恨不得离他越远越好，巴不得看他倒霉出糗，这一类人被社会定义成情商余额不足。

我们不妨仔细想想，身边有多少人符合前者的特征。恐怕少之又少。倒是后者，十有八九能遇到。那些情商低到令人发指的人，基本上都已经成群众"公敌"了。绝大部分人都有中等情商，喜欢的人和讨厌的人大体相当。但是很遗憾，中等情商的人虽然在很多时候不会显得特别蠢，但随时可能暴露出很多缺点。

中等情商的人不一定能讨人喜欢，有时会不小心与别人结怨，而且也缺乏稳定的心理素质。对于销售人员而言，中等情商会对自己的业绩形成不小的障碍。因此，想要做好销售，就必须把情商提升到更高的水平，以求让更多客户喜欢你并且信任你。

按照大家通常的理解，情商高就是会做人。会做人指的就是善于斡旋人际关系，能打点好周围上上下下的人，获得广博的人脉。这个认识实际上是对情商理论的一知半解，也未能充分挖掘情商的潜在价值。

鉴于此，我们给销售人员准备了12堂情商训练课。

第1堂课 讲的是销售人员应当树立自己的人格品牌，让客户感觉到你是一个平易近人且值得信赖的业内专家。

第2堂课 讲的是销售的成功离不开坚韧不拔的毅力，高情商者总是不怕批评和困难，坚持自己的目标。

第3堂课 讲的是情绪调节，不仅包括管理好销售人员自己的情绪，还包括安抚客户的情绪。

第4堂课 讲的是反思精神，高情商的销售人员必须学会自我反省，不断改进自己的不足。

第5堂课 讲的是如何培养客户的好感度，通过广结好人缘来促进销售业绩的增长。

第6堂课 讲的是销售人员如何在产品展示中释放足够的感染力，让客户接受你和你的产品。

第7堂课 讲的是销售人员应该学会果断决策、勇敢出击，不能让犹豫、胆怯影响销售。同时还要注意把控交易风险，将胆大与心细融为一体。

第8堂课 讲的是销售人员的责任感和使命感。高情商的销售人员总是会以崇高的目标来激励自己，严格要求自己，树立言出必行的信誉，为客户创造更多价值。

第9堂课 讲的是销售人员在处理疑难问题时，应该保持良好的心态，严谨而灵活地应对各种情况，不要惊慌失措。

第10堂课 讲的是善于倾听是销售人员做业务的一大法宝，销售人员应运用同理心原理来了解客户的感受，从而为客户提供更为人性化的优质服务。

第11堂课 讲的是销售人员应该掌握一些沟通技巧，学会用贴切的语言来打动客户。

第12堂课 讲的是销售人员应当具备的团队意识与团队协作技巧，借助团队的力量来取得销量的突破。

通过从12个不同的方面来展示销售人员高情商的销售技巧，对广大职场人士有一定的借鉴意义。随着服务个性化、人性化成为当今市场的主要潮流，情商在销售工作中所起的作用将会越来越大。高情商营销，将成为当今市场的一条重要法则。

目录

第1堂课 销售就是展现自己，用人格品牌折服顾客

认识误区：高情商=擅长拉关系 // 002

顾客喜欢跟着有专家范儿的销售人员走 // 006

用第一印象打动顾客的心 // 010

个性鲜明比一味圆滑更能赢得对方好感 // 014

第2堂课 像"取经人"一样百折不挠地做销售

每一位销售高手都出过糗 // 020

销售毅力也是促成交易的关键 // 024

顾客的拒绝正是销售的开始 // 029

不放弃是销售人员的基本心理素质 // 033

第3堂课 管理好个人情绪，才能打破销售僵局

没有好脾气，哪来好业绩 // 038

顾客需要的安慰剂，就在你自己身上 // 042

用额外的优惠让对方产生亏欠感 // 046

无论结果如何，都不要让它影响情绪 // 051

第4堂课 审视一言一行，让你的销售能力不断提升

成交失败的原因往往在你自己身上　// 056

花钱举办批评会的传奇销售员　// 060

控制好心态，越急越保不住大单　// 064

认清自己的劣势，扬长避短做销售　// 068

第5堂课 没有足够的好感度，情感回报就不足半数

让顾客喜欢的黄金好习惯　// 074

找出你和顾客的共同点，让交流变得更愉快　// 078

把顾客当朋友，而不是"上帝"　// 082

善待老客户，现有客户才是最好的潜在客户　// 086

第6堂课 传播积极影响，顾客才会心甘情愿地掏钱包

销售展示第一利器——感染力　// 090

想让顾客承认你，就先满足他们的被尊重感　// 094

承认产品的局限性，用诚信赢得顾客的信赖　// 099

把顾客逗笑，销售才能顺利　// 104

第7堂课 告别胆怯犹豫，让销售不再无疾而终

你对产品自信，顾客才能打消疑虑　// 110

树立"马上行动"的观念，让对方来不及迟疑　// 114

当顾客说"我做不了主"时，激发他们的成交热情 // 118

牢记风险意识，但不可畏首畏尾 // 122

第8堂课 言出必行，在每一个执行细节中展现诚意

把信誉放在销售工作的第一位 // 128

耐心引导顾客正视自身真正的需要 // 132

与其说一堆好话，不如帮顾客完成亲身体验 // 136

成为客户的顾问，帮他们点缀生活 // 141

第9堂课 克服麻烦靠韧劲，化解纠纷靠弹性

淡定对待拒绝，用积极和热情化解埋怨 // 146

对不同的顾客采取不同的安抚策略 // 150

顾客的反对意见里可能藏着成交的转机 // 155

调节投诉现场气氛，以免冲突升级 // 159

第10堂课 善解人意的人最好命，80%的业绩来自倾听

多听少说，避开顾客的"雷区" // 164

弄清顾客"怎么看"，才能替他着想 // 168

运用同理心，将营销信息植入顾客的大脑中 // 172

自信地拒绝顾客的无理要求 // 177

第11堂课 讲令人心动的话，让顾客乐意说"是"

　　口若悬河是最笨的推销办法　// 182

　　发言有铺垫，才能吸引对方的注意力　// 185

　　用"我们"代替"我"，拉近心理距离　// 189

　　勿说顾客听不懂的行话　// 193

第12堂课 销售就是讲合作，与同伴一起成长

　　自我意识过剩，迟早内忧外患　// 198

　　增进情感，及时对同伴表达赞扬与认可　// 202

　　别在你的团队中散播"情绪病毒"　// 207

　　不要把同伴当敌人，用上进心取代嫉妒心　// 212

后　记 做一个通情达理的销售员　// 216

第1堂课 ▶
销售就是展现自己,用人格品牌折服顾客

销售既是商品与金钱的交换活动,也是销售员与消费者的合作行为。消费者之所以愿意掏钱买东西,不光是认可某款产品,同时也认可了销售员本人。那些业内公认的金牌销售员,在很大程度上都树立了鲜明的个人品牌,把自己变为公司品牌形象的一部分。当消费者看到他们时,就会对其所代表的公司的产品和服务产生信赖感。要做到这点,最关键的因素不是销售技巧,而是高情商。

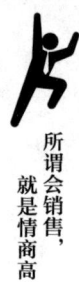
所谓会销售，就是情商高

认识误区：高情商 = 擅长拉关系

情商理论自从引入中国后，在各个领域都非常流行。比如，大家常听到的"成功的20%靠智商，50%靠情商""情商比智商更重要"之类的话。从学习、考试到职场打拼，情商理论仿佛成为指导人们生存发展的灯塔。不过，许多人对情商的理解都存在一些偏差。

有的人把情商高理解为八面玲珑，见人说人话，见鬼说鬼话，让周围所有人都感到满意。为了做到这点，可以圆滑地耍一切小手段，只要能达到目标就万事大吉。

有的人则把情商高理解为擅长拉关系，跟陌生人很快就能打成一片，并且很会组建自己的人脉关系网，这样一来就能在社会上吃得开。

有的人却认为喜怒不形于色才是情商高，那些动不动就在别人面前流露情绪的人，都缺乏足够的情商。

还有的人甚至把善于趋炎附势、见风使舵当成高情商者的通行证。

以上几种认知把高情商者塑造成了一种套路化的形象——办事像油一样圆滑，说话像蜜糖一样甜，待人像管家一样无微不至。这样一来，高情商者简直就成了一个凡事按照最优程序做事的机器人。如果按照这个完美的模板去套，相信绝大部分人都不可能合格。因为每个人都有自己的小情绪，而且心理难免会产生波动。硬要大家时刻保持最理想的为人处世状态，就和要求大家做圣人没什么两样。

对于销售员来说，只有正确认识情商理论，才能沿着靠谱的方向来提高自己的情商水平。

哈佛大学心理学博士丹尼尔·戈尔曼先生提出的情商理论，主要包括以下5个方面。

1. 了解自我

知人者智，自知者明。按理说，最了解自己的人就是你自己，但大部分人并不能正确地认识自我。高情商者能敏锐地感受到自己的情绪变化，重视审视内心世界。从某种意义上说，了解自我情绪是情商的核心，因为只有了解自我，才能摆脱迷茫，成为自己心灵的主人。

2. 自我情绪管理

情绪调控能力是情商的一个重要方面。近年来，有科学家让没被灌输过任何社会观念的AI（人工智能）与网友进行互动，结果没说几句就在网友的影响下变成一个思想极端、语气暴躁的形象。智能机器人尚且如此，何况是有血有肉的大活人？世界上的很多悲剧都是因情绪失控所致。低情商者只顾发泄情绪而不计后果；情商高的人则非常重视管理个人情绪，以免给其他人造成不良影响。

3. 自我激励

自我激励指的是人们根据某种目标而调动自己的积极情绪，让自己

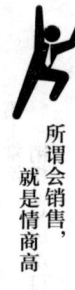

获得直面困难、挑战极限的勇气。有些人经不起失败，一失败就会一蹶不振，这就是情商不高的表现。高情商者做事时往往有明确的目标，在失败时能尽快调整心态，具有百折不挠的精神，不让消沉的意志将自己击垮。

4. 识别他人的情绪

人们做出让他人不快的举动，在很大程度上是因为缺乏同理心，感受不到对方的痛苦。如果一个人不觉得自己说话过分、做事出格，就不会有控制分寸的意识，这样就很容易触及他人的逆鳞，引发不必要的纠纷。而善解人意的人总是能从细微之处体察到对方的感受和想法。他们的同理心很强，对他人的难处往往能感同身受，故而能恪守"己所不欲，勿施于人"的行为准则。

5. 处理人际关系

这部分内容跟大家通常理解的"情商"最相符。甚至可以说，人们常见的误区就是把处理人际关系的能力与情商混为一谈。这实际上是以偏概全的做法。处理人际关系在情商理论中指的是"调控自己与他人的情绪反应的技巧"。我们可以理解为通过调控情绪来维持自己和他人之间的良好关系。这只是情商的一部分，而不是全部。

由此可见，一个人的情商是高是低，不能只看最后一项的得分，而应该把前面四项内容也看完整。

例如，A君擅长交际，常能召集一大群人一起吃喝玩乐。大家对他的印象都很好，认为他很会做人，情商很高。然而，A君并不觉得自己有多快乐，总是感叹缺少知心朋友，总是感叹扮演着自己所厌恶的角色，内心非常苦恼。他从来不让别人看到自己心中的苦闷，只在人前表现出无限风光。

如果从人际关系处理的角度来看，A君的情商得分无疑很高，但在了解自我与自我激励等方面则不算太出色。他认为自己是戴着面具生活，心里总有一种挥之不去的沉重感和疲惫感。这使得A君的自我定位处于撕裂状态，长此以往，有可能被心理压力压垮。从这个层面来说，A君的情商不像表面上看起来那么出众。

大科学家爱因斯坦沉默寡言，不太热衷交际，按照常人的理解，这似乎是低情商的表现。但谁也不会认为他是个高智商、低情商的人。

爱因斯坦在26岁时发表了著名的量子论。但他当时还不是知名的大学教授，只是专利局的正式三级技术员。论科研环境与学术基础，他并不比当时的科学家们优越，但爱因斯坦还是坚持不懈地做研究，终于开辟了物理学的新纪元。假如没有正确了解自我，没有强大的自我激励能力，不善交际的爱因斯坦根本无法忍受枯燥的科研工作，并成就一番伟业。

因此，对于销售员而言，高情商不只是善于结交客户、处理好人际关系，还包括正确的自我认知与良好的情绪调节能力。换言之，高情商的销售员不仅善于处理与外人的关系，还能掌控好自己的心理情绪。唯有如此，销售员才能克服种种困难，更好地完成销售任务。

> **EQ 情商课堂**
>
> ⊙ 情商包含了解自我、自我情绪管理、自我激励、识别他人的情绪、处理人际关系这5个方面。
> ⊙ 情商不只是善于处理人际关系。
> ⊙ 高情商的人是多种多样的，并不拘泥于单一的理想化模板。

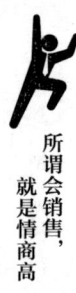

顾客喜欢跟着有专家范儿的销售人员走

消费者的购买行为包含了对销售员的肯定。不少人本来对某款产品颇有好感，却因为销售员的态度恶劣最终拂袖而去。很多销售员由于情商太低而丧失了原本的主动权，使得销售工作迟迟打不开局面。

都说东西不好卖，其实，销售员在营销过程中本来处于一个相对有利的位置，而消费者往往处于相对弱势一方。

这里的"弱势"并不是指消费者无力维护合法权益，而是说他们在评估交易价值时处于相对被动的局面。尽管最终买不买产品是由消费者自己决定的，但他们的购买决策在很大程度上依赖于销售员的推销。只要消费者打算购买，哪怕销售员只是普通地介绍产品情况，都有可能拉到订单。

由于缺乏充分的市场情报与全面的专业知识，绝大部分消费者在购物时都是从销售员那里获取相关产品信息的。尽管有些消费者会货比三家，事前就调查好与目标产品有关的情报，但他们获取的信息也不会比天天接触产品的销售员掌握得更全面。当然，专家级消费者并非绝对没有，但一个菜鸟销售员经过几年磨炼后，就能成为绝大部分消费者眼中的专业人士。

从这个角度来说,作为市场需求供给者的销售员有着天然的情报优势,更容易利用营销信息来影响消费者的购买决策。尽管如此,销售依然是一项技术活。尽管握有信息优势,但能否给顾客带来购物的动力,绝不像看上去那么简单。

顾客虽然对产品知识了解得少,但普遍有讨价还价的心理,也有给产品挑毛病的经验。他们挑的毛病有时候确实是产品本身的问题,有时候则是吹毛求疵,以便增加杀价的砝码。这就对销售员的应对能力提出了很高的要求。不过销售员也无须感到棘手,顾客再怎么挑剔,毕竟对产品或服务的了解还是有限的。他们最害怕的是做出错误的购买决定,最希望的是有一位能力出众、服务贴心的专家能引导他们做出正确的购买决定。这个专家可以是某个业内人士,也可以是身边的购物达人(即专家级消费者),同样可以是他们此刻所面对的销售员。

所以,销售员想要提升业绩,就必须让自己变得更有专家范儿。专家范儿是销售员由内而外散发出来的一种难以精确描述的气场,也是顾客的一种主观判断。这种气场会让顾客不由自主地产生信赖感与依赖感,从而增加他们的购物欲望。

对于顾客来说,销售员有没有专家范儿是可以看出来的。虽然他们对产品或服务知识了解得不多,但对销售员的言行举止能做出直观与准确的判断。毫不夸张地说,销售员一张口,顾客就能掂量出他们够不够专业。

顾客判断销售员的职业素养如何,主要是从以下几个角度来进行。

1. 外表打扮是否具有职业气质

相对而言,穿统一制服或西装的销售员比衣着随意的销售员更能给顾客留下"专业人士"的印象。因为人们通常把"专业"与"严谨规整"两个词画等号，把"不专业"和"自由散漫"当成一回事儿。在顾客的潜意识里，在着装上不能体现出职业气质的销售员肯定做事不认真严谨，而做事不认真严谨的人肯定业务能力也不行。这种直观印象会直接影响顾客对销售员的信任度，导致接下来的谈判不顺畅。

2. 谈吐是否训练有素

无论哪个行业的销售员，通常都会经过一定的话术训练。话术训练包括各行各业通用的礼貌用语，比如"您好""欢迎光临""请问""谢谢""抱歉""请稍候""没关系""欢迎下次光临""再见"等。如果是电子商务渠道的销售员，则需要掌握更多具有互联网特色的用语，在保持礼貌的同时增加自己与顾客之间的亲近感。专业而热情的谈吐，能体现一个销售员的思维水平与业务知识的熟练程度，这是销售员的一张重要名片。如果顾客在交谈中感到沟通不顺畅，就会对销售员失去信任。

3. 对产品或服务的介绍是否全面细致、通俗易懂

顾客与销售员之间的谈话，十有八九是在说产品或服务的细节。顾客通过这些情报来了解产品的优劣，进而判断它们有没有购买价值。假如销售员不能完整地回答对方的问题，顾客就会觉得对方不熟悉自己的业务。此外，有些销售员原本很熟悉产品信息，但只是照本宣科地背诵产品说明，一直用拗口的专业名词来作答。这种做法看似能体现专业性，其实只会让大多数顾客感到一头雾水。所以，销售员在推介产品时，切记不要用专业术语，以免给顾客造成理解障碍。

上述3方面的因素影响着销售员在顾客眼中的专业范儿。聪明的销售员要学会反过来利用顾客的主观判断标准，塑造自己在相关领域的专家形象。

因此，高情商的销售员在每一次接待顾客时，都会营造一个能让对方减轻压力的环境。在外表上给人庄重、严整的感觉。说话时既深入浅出、条理清楚，在关键处又能突出自己的专业素养。绝不过分堆砌专业名词，但一定会针对顾客的疑问来讲明白怎样使用产品更便捷高效。争取做到百问不倒，顾客才会彻底承认你是这方面的专家，从而积极采纳你的提议。

这样一来，你就成功地在顾客心中树立起了一个人格品牌。当顾客认可了这个人格品牌后，你推销的产品自然容易被他们接受。所以说，做销售就是展现自己。只有在言行举止中充分表现出自己闪亮的一面，才能赢得更多的客户与订单。

EQ 情商课堂

- 顾客往往是先认可销售员，然后才信任产品。
- 顾客先天缺乏信息优势，但低情商的销售员用不好信息优势。
- 只有塑造出专家形象，才能让顾客认可并采纳你的推销建议。

用第一印象打动顾客的心

人与人之间的相识是从第一印象开始的。即便第一印象并不一定能准确地反映一个人的全貌,我们往往也主要是通过这种方式完成对陌生人的初步筛选。销售员通常都是以正装形象出现在客户面前,这种标准的形象虽然很常见,但能给人一种"业内人士"的职业感。假如销售员衣衫不整地去拜访客户,对方不当场把你扫地出门已经算是有好涵养了。

根据美国纽约销售联谊会的统计,71%的消费者是因喜欢、信任、尊重某位推销员而决定购买其推销的产品的。美国另一家营销机构的调查表明,80%的消费者对推销员的不良外表抱有反感态度。这从侧面说明,销售员在推销产品的同时,也是在推销自己的个人品牌形象。如果个人品牌形象赢得了消费者的好感,销售员推销的产品就会跟着沾光,被爱屋及乌的消费者一并认可。

第一印象引发的情绪,会持久地留在人们的记忆中,从而变成一种直观印象。对于顾客来说,销售员的第一印象如同一个快速识别标签,是喜欢还是反感,短短几分钟就能做出判断。

《伟大的励志书》的作者、《成功》杂志的创办人、美国销售专家奥里森·马登博士指出："在推销中，懂得形象包装、给人留下良好第一印象的推销员，将是永远的赢家。一个推销人员与顾客首次接触时交流时间不会很长，要在有限的时间内，使顾客对自己和自己所推销的产品有所了解并非易事。研究表明，首次印象一经形成，不但会持续较长一段时间，而且不易改变。所以，推销员应十分重视自己给予他人的第一印象。"

因此，任何具有专业素养的销售员都会非常注意自己的形象，力求通过第一印象折服顾客的心。

那么，怎样才能在第一次打交道时就给客户留下良好的印象呢？

首先是修饰出良好的仪表。我们看向一位陌生人时，最先映入眼帘的就是他的仪表。因为外观上的细节可以体现出一个人的修养、气质及情操。着装整洁大方的销售员容易被客户当成值得信赖的专业人士，而衣冠不整的销售员会被客户判断为懒惰马虎而缺乏责任心的混子。这就好比是胡乱包装的高档商品，看上去就和地摊上的处理品没什么两样。造成这样的误会，只能怪销售员自己。

日本销售界普遍认为第一流的销售员必然先从修饰出第一流的仪表开始。日本保险业的"推销之神"原一平在走访客户之前，都把照镜子视为最重要的工作。在他看来，销售员面对镜子与面对客户时是一样的，会从中看出自己的表情与姿势是否让对方感到舒服。

除此之外，他告诫销售新手们不要为了追求时尚而穿奇装异服，这样只会让客户感到你的仪表与职业不相称，从而影响销售谈判。

原一平根据自己长达五十年的销售经验，总结出了塑造仪表的九个原则与整理服饰的八个要领。

1. 塑造仪表的九个原则

（1）外表决定了别人对你的第一印象。

（2）外表会显现出你的个性。

（3）整理外表的目的就是让对方看出你是哪一类型的人。

（4）对方常根据你的外表决定是否与你交往。

（5）外表就是你的魅力表征。

（6）保持正确的站姿、走姿、坐姿，不论何种姿势，都要挺直脊椎。

（7）走路时脚尖要伸直，而不能往上翘。

（8）收小腹看起来比较有精神。

（9）好好整理你的外表，会使你的优点更突出。

2. 整理服饰的八个要领

（1）借鉴与自己年龄相仿的稳健型人物的服装风格。

（2）你的服装必须与时间、地点、身材、肤色等因素相匹配，以自然大方为上策。

（3）不要穿得太显年轻，否则容易遭到客户的怀疑与轻视。

（4）最好不要在销售过程中穿流行服饰。

（5）假如非要赶时髦不可，也只能选择朴实无华的款式。

（6）让你的身材与服装的质地、色泽保持均衡状态。

（7）选择衣服要合体，太松、太紧都会给对方留下不好的印象。

（8）不要让服装遮掩了你的优秀素养。

除此之外，不雅动作也会影响销售员给顾客的第一印象。顾客比较反感的常见不雅动作有弹手指、咬手指、抖腿、跷二郎腿、晃肩膀、咬嘴唇、随地吐痰、目光游移、坐姿不正、大摇大摆等。销售员应当注意改掉这些坏习惯，以免在初次见面时被顾客挑毛病。

良好的第一印象不仅包括外在样貌，还包括内在气质。这一点有时候更为重要。比如，有的销售员总是摆出一脸歉意的表情，让顾客感觉这个人没什么底气，于是进而怀疑其推销的产品的品质是否不足以支撑销售员的自信心。这是低情商者的常见问题。

高情商的销售员总是能流露出一种从内到外的自信与果断。他们对待顾客不卑不亢、彬彬有礼但绝不刻意奉承，干脆利落但绝不咄咄逼人。正因为他们对自我形象有正确的认知，故而能在首次见面时展现自己优秀的一面，让客户也对其产生良好的第一印象。

销售员在成功推销自己之后，产品的推销工作就会随之打开局面。这就是第一印象的力量，也是高情商带来的红利。

> **EQ 情商课堂**
>
> ⊙ 第一印象决定了销售员对顾客的首次拜访是否能获得成功。
> ⊙ 第一印象形成后，将在很长一段时间内影响顾客对销售员以及其推介的产品的看法。
> ⊙ 想要给人留下良好的第一印象，销售员就要在仪容仪表、言谈举止、神态气质等方面展现自己好的一面。

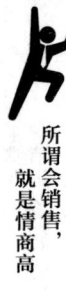

所谓会销售，就是情商高

个性鲜明比一味圆滑更能赢得对方好感

　　八面玲珑的处事风格就一定会讨人喜欢吗？未必。极度圆滑的人看起来做事滴水不漏，自己真实的好恶被深深地隐藏起来，让别人完全猜不透他们在想什么。然而，再神经大条的人也会本能地产生一定的防人之心，对自己捉摸不透的人或者事感到隐隐不安。我们内心深处觉得自己可以掌控能理解的事物，认为那些难以看清的事物可能会隐藏着某种不确定的风险。

　　也正因为如此，当一个看起来形象高大的人物流露出一些与普通人无异的兴趣爱好或真实情感时，会给大家留下更真实、更可信的印象。

　　基于这个原理，销售员应该明确一点——什么时候都保持圆滑并不是最有效的处世技巧。

　　按照我国的传统观念，为人处世不过"方""圆"二字。其中，最理想的境界是"内方外圆"，内心刚强坚韧，外在圆融柔和。而一味圆滑的人走的是"内圆外圆"路线，内心缺乏稳定的信念与原则，只是一味地随波逐流。过度圆滑就会让人感到失真，难以完全信赖。而且，这种类型的销售员隐藏了真实的性格，如同毫无棱角的圆形，缺乏那种让人过目不忘的深刻印象。他们虽能在生意场上左右逢源，但要想取得重大突破就没那么容易了。

世界上最顶尖的金牌销售员们，无论他们最初的性格如何，最后都会一步一步成长为"内方外圆"的类型。他们平时处事圆融，让顾客感到轻松愉快。但在某些关键问题上，他们又会适时展现出自己的锋芒，让顾客牢牢记住其极具冲击力的性格特质。

有位32岁的小个子青年销售员在一家保险公司里的推销业绩已经高居榜首，但他并未因此沾沾自喜，依然非常卖力地工作。考虑到向普通客户推销保险的业绩增长潜力有限，他想到了一个在当时的保险业界罕见的极为大胆的推销计划。

青年销售员打算向公司的董事长要一份介绍本国各大集团高层管理者的"推荐函"，集中力量大规模地向与保险公司相关的所有大企业高层推销保险。巧的是，保险公司的董事长恰好是某个大财团总公司的理事长，又是财团旗下银行的总裁。如果他批准这个宏伟计划，就意味着青年销售员可以把自己的保险业务打入财团旗下的所有单位以及具有合作关系的代表性大企业集团。

但推销业绩排名第一的青年销售员并不知道，保险公司内部有个特殊的约定：凡是从某财团来保险公司工作的高层管理者，一律不得介绍保险客户，董事长自己也不例外。

青年销售员既为自己的突破性创新感到兴奋，又为此举的风险而坐立不安。但他下定决心，一定要实现自己的计划，于是到公司主管销售的常务董事那里请求代为向董事长要一份大公司高管的"推荐函"。

果然，常务董事听完后望着青年销售员半天不发话，过了一会儿，

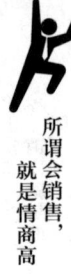

才把财团内部的约定讲出来。青年销售员的宏伟计划被否决了,但他不甘心,打算直接向董事长当面提出申请。常务董事沉默良久,说:"姑且一试吧。"他那难以名状的笑容仿佛在嘲讽青年销售员。

青年销售员等了几天后,终于接到了董事长的约见通知。他兴冲冲地来到该财团总部,却被层层关卡弄得疲惫不堪,倒在沙发上睡着了。

不知过了多久,有人把他叫醒,他定睛一看吓了一跳。原来戳他肩膀的人正是董事长。董事长严厉的表情和语气让青年销售员不知所措,他愣了一会儿才磕磕巴巴地说起了自己的宏伟计划。然而,他刚说道"我想请您介绍……",就被董事长硬生生地打断了:"什么?你以为我会介绍保险这玩意儿?"

本来青年销售员准备好了一套耐心解释的对策,但一连串的突发事件让他顿时火冒三丈。特别是董事长居然把自己公司的保险业务说成"这玩意儿",让青年销售员感到被严重蔑视了。

他气得向董事长大吼:"你这混账。"话音未落又向前跨一步,逼得董事长不由自主地往后退。"你刚才说保险这玩意儿?公司不是一直教育我们保险是光荣的工作吗?你还配当保险公司的董事长吗?我这就回公司去,告诉所有的同事,你说过什么失礼的话。"

说完,青年销售员气呼呼地转身离开了。董事长被一个无名的小员工当面指责,心里别提有多生气了。但他很快意识到,这位"个性火爆"的销售员说的话有几分道理。思忖再三,董事长觉得这小子提的计划很有想象力,也确实能为公司甚至整个财团带来好处。于是,他马上打电话给分管销售的保险公司常务董事。

恰在此时,回到保险公司的青年销售员因计划被否定而失望透顶。他觉得自己顶撞董事长,今后无法继续在公司立足,便向常务董事提出辞职申请。

常务董事告诉他董事长在电话中表示："保险公司以前跟财团的约定的确存在问题，新计划是正确的，我们是保险公司的高级管理者，理应为公司贡献一份力量帮助扩展业务。"董事长放下电话后立即在财团总部召开临时董事会。会议决定今后所有与财团相关的公司都必须把全部退休金投入这家保险公司，以此作为保险金。

就这样，青年销售员的"出格"举动意外地赢得了董事长的尊重，还使其在今后全力支持自己的宏伟计划。时来运转的青年销售员更加努力地工作，从保险公司业绩第一的销售员变为连续三年蝉联全国第一的金牌销售员。后来，他在43岁后连续保持15年全国推销冠军，连续17年推销额达百万美元。他就是日本保险业的"推销之神"原一平。

不可否认，原一平这次因祸得福有很大的运气成分。如果你想学习他这种方式来给领导留下深刻印象，十有八九会招致很惨的下场。情商低的人总是刻意去模仿高情商者的言谈举止，却不考虑当时的具体情况。毕竟照猫画虎自然会落得个画虎不成反类犬的结果。

不过，上述案例中最值得学习的地方，是原一平的据理力争。董事长之所以被打动，与其说是因为原一平突然爆发的鲜明个性，不如说是他为公司殚精竭虑的责任心与敢想敢干的行动力。

以当时的情境来说，一味圆滑的处事手段过于柔和，显得有些"三无"——无棱角、无特点、无吸引力。销售不光是需要灵活的身段，还需要敢于打硬仗的魄力。每一次销售创新，每一个宏大的销售项目，都伴随着巨大的压力。假如销售员不能展现出具有冲击力的鲜明个性，就容易被判定为不足以担当大任。

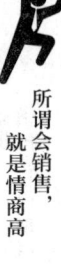

做人的棱角太鲜明容易伤到他人，但一味圆滑而毫无棱角，则给人印象不深，难以给对方的心灵带来震撼性的影响。所以，高情商的销售员并不会抹杀自己的鲜明个性，只是会选择更圆融的方式与更合适的时间点来释放自己的性格魅力。唯有如此，销售员才能给顾客留下更深刻的好印象，成为他们心中可以信赖的对象。

EQ 情商课堂

- 极度圆滑的销售员过分隐藏自己的个性，会给消费者一种难以捉摸的不踏实感。
- 如果销售员能适当展现出自己的个性，就能给消费者留下更深刻的印象，并赢得他们的信任。
- 高情商的销售员并不会否定自己的性格本色，而是善于以更合理的方式来展现个人魅力。

第2堂课 ▶
像"取经人"一样百折不挠地做销售

自我激励是情商的重要组成部分。对于销售员而言,自我激励就是根据销售目标来调动和指挥自己的情绪,以确保最后的胜利。这种自我激励水平的高低主要是由抗挫折能力来衡量的。当一个人有明确的目标,并且能百折不挠地去完成它,胜利时自信而不自满,失败时自省而不自卑,想必他的情商水平一定是极高的。

所谓会销售，就是情商高

每一位销售高手都出过糗

人们总喜欢造神，喜欢打造一个百战百胜的神话形象供自己膜拜。当一位业内精英通过不懈努力登上销售顶峰时，他曾经吃过的苦、受过的罪、犯过的错都会被舆论选择性遗忘，取而代之的是对其卓越才能的渲染与辉煌成就的歌颂。

许多国际销售大师，都强烈地感受过这种从无人问津到众星捧月的反差。假如情商指数偏低的话，当事人很可能会变得过度自我膨胀、忘乎所以。好在他们的情商都非常高，既有从逆境中崛起的坚韧意志，又有在顺境中保持头脑清醒的自我认知能力，在品尝庆功宴上的美酒佳肴时，不忘记自己的初心与艰辛。

金牌销售员无不具备一些高明的销售技巧，但他们获得这些技巧的过程，充满了酸甜苦辣。从职场菜鸟到世界顶尖销售大师要经过多少波折与困难，只有他们自己才清楚。大家觉得金牌销售员总能在谈笑中轻轻松松做成大单生意，殊不知，他们为此背负了多少压力，做了多少普通销售员懒得做或不屑做的工作。

再顶尖的销售员也不是一开始就出类拔萃的。事实恰恰相反，几乎每一位顶尖销售高手刚出道时都曾经表现不佳，甚至穷困潦倒。

比如，百万圆桌协会成员、美国销售界的点子大王齐格·齐格勒年轻的时候曾经站在街头茫然不知所措，绝望得差点患上了忧郁症。他感慨道："什么叫成功？无非是你这次没有失败。"

齐格·齐格勒的第一份推销工作是卖收银机。当时，他面临着巨大的生活压力，在头几个星期里连一单生意也没谈成。工作的不顺让齐格·齐格勒顿时感到前途一片黯淡。失败情绪塞满了他的头脑，蚕食着他所剩无几的信心。

到了月底结算工资时，齐格·齐格勒沮丧地对老板说自己没找到愿意买收银机的客户。谁知他的老板却鼓励道："好的，这正是我雇你的原因——去寻找他们。你只是还没有走得足够远罢了，继续努力吧。"

这句话让齐格·齐格勒大受触动，于是他重新拾起了做销售的信心。

他真的像老板说的那样，不停地走访客户，被拒绝一次又一次也不再打退堂鼓。终于，齐格·齐格勒来到一家商业机构，如实介绍了其公司收银机的性能特征与使用方法。尽管他当时毫无销售技巧可言，但商业机构的领导者很快做出了购买决定。这是齐格·齐格勒入职以来的第一个客户与第一笔成交的生意。

事后，客户告诉齐格·齐格勒说，本来没有采购收银机的打算，但是看到他身上体现出了一种让人不忍拒绝的真诚，所以才决定做这笔交易。

这次成功让齐格·齐格勒真正树立起了信心。他此后每次出门都抱着"在你行走的范围内一定有人会买你的东西，只要你努力去寻找他们"的心态去跑业务。假如在五点之前没有进展，就一直找到九点钟商

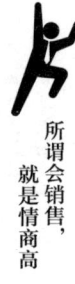

店关门。只要不停地走访、不停地与人交谈,迟早能找到成交的机会。

就这样,齐格·齐格勒不再为一时挫败而迷茫,事业也渐渐有了起色,推销成功的次数不断增多,销售技巧也日益成熟。后来,他又把成套的厨房用品作为主要推销对象,彻底扭转了此前胜少败多的局面,最终成为业内的销售冠军、世人眼中的成功学演讲大师。

齐格·齐格勒曾经到哈佛大学做演讲。他进入会场后只是做了简单的开场白,就让助手帮忙在长长的演示台上做了一个实验。

演示台上放着一段玩具轨道与一列玩具火车,齐格·齐格勒把一个小木块塞进火车的驱动轮前,然后按下玩具的开关。小火车启动了,但被小木块挡在原地,轰鸣许久也无法前进。当他把小木块抽出来后,小火车马上在轨道上飞速行驶。

齐格·齐格勒对在场的众人说:"一列火车一旦跑动起来,就会产生无穷的威力,当速度达到最高时,它甚至能撞穿一堵1.5米厚的水泥墙!火车的威力为什么如此强大?是因为它动起来了!"

成功的关键就是不停地努力、不断走访客户和谈判,这便是齐格·齐格勒的销售哲学。尽管刚出道时迟迟没有业绩,甚至一度感到绝望,但是他没有放弃,而是坚持投入更多的能量去工作。齐格·齐格勒在一次次的失败和出糗中得到了锻炼,最终也收获了时来运转的好结果。

任何了不起的销售高手,都曾经有过糟糕的表现。日本保险业的销售大王原一平最初几个月就没赚到一分钱,穷得不敢吃午饭。被誉为最伟大的销售员的美国销售大师乔·吉拉德,曾经换一次工作就吞一颗苦果。但他们最后还是凭借不向命运低头的自我激励精神克服了自身的短板,赢得了事业上的丰收。这就是高情商者面对命运的态度。

销售与其说是拼技巧，不如说是拼情商。尤其是情商理论中的自我激励能力，在很大程度上决定了一名销售员的精神强度。而在这个生活压力日益增大的年代，没有足够的精神强度，是无法坚持走好销售这条路的。

销售是一个风险与机遇并存的职业。"只见狼吃肉，不见狼挨打"的人根本无法想象金牌销售员曾经花多大力气才克服掉重重困难的。低情商的销售员起初不知世事艰难，受挫后又变得悲观绝望，自然难成大器。高情商的销售员从来不会忽略风险与艰辛，但他们都会用更高的精神强度来应对各种挑战，最终一步一步从职场菜鸟进化为业界雄鹰。

> **EQ 情商课堂**
> - 每一位销售高手在刚入行时都曾经表现平平、屡战屡败。
> - 销售技巧是在反复失败中磨炼出来的，没有足够的精神强度就无法坚持到成功之日。
> - 高情商者既有从逆境中崛起的坚韧意志，又有在顺境中保持头脑清醒的自我认知能力。

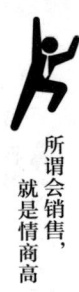

销售毅力也是促成交易的关键

任何一位具备高情商的人,都有一颗敢于面对困难的心。他们就像溪水一样,绕开沿途挡路的高山,一路奔向大海。无论过程多么曲折,他们都能咬牙坚持住,执着地完成销售任务。胜利之门就在前方,永远为能坚持走到那里的人敞开。

毅力在销售活动中往往发挥着重要的作用。商场如战场,虽然不会流血牺牲,但交易成败牵一发而动全身。一单生意没谈成,损失可能是几千元,也可能是几千万元,还可能断送公司的命运。哪怕是金牌销售员,也曾经有不少没签下来的订单,甚至被客户无理投诉。这些挫折当然不会令人喜悦,但高情商者并不会为此背上包袱,而是继续以良好的心态来争取反败为胜。

假如回顾每一位销售员最初的模样,大家基本上都站在同一条起跑线上。没有工作经验,不懂销售技巧,经常被客户拒绝,谈业务的成功率很低。但是随着时间的推移,优秀的销售员就会脱颖而出,把竞争对手甩到身后,得到客户的普遍认可。

与平庸的销售员相比,优秀的销售员拥有令人炫目的推销艺术,还具备超乎寻常的勤奋。其实，这两大优势同出一源——不达目的誓不罢休的销售毅力。

销售毅力指的是销售员在挖掘客户、推销产品时表现出来的强大意志力。销售毅力可以分为两个方面：一是坚韧不拔的持续力，能经得起马拉松式的谈判的折磨；二是"不破楼兰终不还"的决心，为了签下订单而拼尽全力。

成功绝非一蹴而就，只有怀着胜利的信念，才不至于在进展受阻时心灰意冷。新手销售员的成长就像蝴蝶破茧一样，要奋力突破自己的瓶颈。如果在困难面前退缩，不仅无法学到更有用的销售技巧，也会给自己内心留下失败的阴影。

那些伟大的销售员，都经历过一个特殊的事业关口。如果没能突破那个关口，就可能一辈子没有长进，始终碌碌无为。如果以顽强的销售毅力去拼搏，则有可能迎来人生中的重大转机，从此时来运转。

战后的日本曾经非常萧条。这既让许多销售员生计拮据，又隐藏了不少商机。比如，以麦当劳为代表的美国快餐文化刚传入日本时，一位刚从学校毕业没几年的日本青年藤田田敏锐地察觉到了快餐行业在日本发展的巨大潜力，决定把自己的未来都赌在发展麦当劳事业上。这是一个极其大胆的决定。

麦当劳采取的是特许连锁经营模式，只要能获得其在日本市场的代理权，就能成就一番事业。可是，要获得麦当劳的特许经营资格至少得满足两个条件：

第一，拥有75万美元的现金，这对当时绝大部分日本人来说是个天文数字。

第二，取得一家中等规模以上银行信用支持，这对财力匮乏的打工一族几乎是个不可能完成的任务。

藤田田没有什么家族背景，只能靠自己想办法。他眼下只有不到5万美元存款，向亲戚朋友东拼西凑几个月，也才得到4万美元。距离麦当劳总部规定的75万元现金还差66万之多。他的宏伟计划怎么看都像是在画饼充饥。按照普通人的想法，放弃这个疯狂的梦想才是正确的做法。可是，藤田田有着超乎普通人的毅力与决心。他相信麦当劳今后在日本一定会非常流行，不抢占这个先机，就会与成功失之交臂。自己未来的前途在此一举。

为此，藤田田只能把希望放在最后一条路——向一家中等规模以上的银行贷款，并取得其信用支持。

这一天，藤田田来到了住友银行总裁的办公室，详细讲述了自己的创业计划，请求住友银行支持自己的日本麦当劳连锁事业。但那位总裁并没有被打动，只是不咸不淡地说："你先回去吧，让我再考虑考虑。"实际上，已经下了逐客令。

藤田田知道没戏了，心里很沮丧。他非常重视这次机会，在告辞前忍不住跟总裁说了一下自己那5万美元存款的来历。

原来，藤田田自从参加工作以来，每个月都把工资奖金的一部分存下来，以备有朝一日能创业。哪怕是出现了某些急需用钱的意外情况，他也会设法在本月的银行账户中增加存款，甚至不惜用借贷款来周转。就这样，藤田田坚持了整整六年，才好不容易积攒了5万美元。最后他还对总裁说："现在机会已经来了，我必须要把握住。"然后才离开。可见，他并没有完全放弃自己的目标。

住友银行总裁送走藤田田后，立即开车前往他存款的银行去询问。

银行柜员得知原委后对总裁说:"藤田田是我见过的最有礼貌、最有毅力的年轻人。这六年来,他是唯一风雨无阻地准时到我这里存钱的人。我对他佩服得五体投地。"

总裁听后顿时对藤田田充满敬意。他马上拨通了藤田田家的电话,表示住友银行愿意全力支持其麦当劳计划。就这样,藤田田在住友银行的支持下开设了日本第一家麦当劳连锁餐厅。后来人们都尊称他为"日本麦当劳之父"。

折服总裁的不是藤田田那个富于远见的计划书,而是他认准目标就坚持到底的毅力。总裁对藤田田感慨道:"论年龄,我是你的两倍。论收入,我是你的三十倍。但我的存款至今还不如你的多……光看这一点,我就自愧不如了。"

坚持六年如一日的存款是一件小事。但这件小事充分反映出了藤田田有着坚定的个人目标,还具备强大的自我激励能力。有这样坚韧的销售毅力,必定会做出一番事业。

他在临走前对住友银行总裁说的那一番话,本意不是想借此打动对方。然而,总裁却从他的话中感受到了这位年轻人不惜一切代价实现目标的决心,以及为了理想而坚持到底的忍耐力。银行柜台小姐的证词则反映出

情商课堂

- 销售毅力指的是销售员在挖掘客户、推销产品时表现出来的强大意志力。
- 高情商的销售员应该经得起种种挫折,不完成目标誓不罢休。
- 没有毅力的销售员,无论业务技巧还是精神层面都不会得到真正的成长。

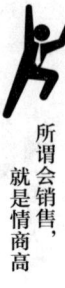

藤田田一丝不苟的处事作风（最严谨）与出色的自我情绪管理能力（最有礼貌）。这不仅是一名优秀销售员应有的素质，也体现出了一位优秀创业者的高情商。

不是每一位高情商的人都有勃勃雄心，但他们无不具备强大的毅力。销售员在营销之路上会经历许多坎坷和波折。战胜这些困难的关键，与其说是巧妙的对策，不如说是坚韧不拔的毅力。通过坚持奋斗获得成长，从而以更高的效率完成自己的目标。这就是高情商给销售员带来的天然红利。

顾客的拒绝正是销售的开始

最让销售员难过的事,莫过于被顾客拒绝。但这恰恰是销售工作最司空见惯的情况。心理素质较差的销售员经受不了挫折,被顾客拒绝几次就半途而废了。这样下去自然无法创造好业绩。知难而退是一种智慧,但不战而退就是一种令人不敢恭维的行为。每一位推介产品的员工都应当树立一种意识——顾客的拒绝正是销售的开始。

这句话听起来颇有点儿"心灵鸡汤"的味道,实际上是无数优秀销售员用实践检验过的销售法则。

顾客的拒绝可以分为好几种情况。他们真的不需要产品时会表示拒绝,他们不清楚产品的实用价值时会表示拒绝,他们为了跟你讨价还价会故意表示拒绝。有经验的销售员会分辨出顾客的拒绝行为背后隐藏着什么样的潜台词。假如顾客只是没意识到该产品的好处,销售员就可以通过全面而耐心地讲解来说服他们下单。假如顾客真的完全没有相关需求,就暂时不做他们的生意。注意,只是暂时不做,顾客的需求是动态变化的,谁也不知道将来会不会产生相关需求。

所以,高情商者不会因为顾客表示拒绝就轻易将其排除在经营对象

之外,而是会仔细调查顾客的消费需求变化,并耐心等待合适的销售机会。这对许多销售新手来说无疑是一个挑战。但只有学会坦然面对顾客的拒绝,销售菜鸟才能获得成长,走向成熟,逐渐学会让顾客拒绝不了的销售技巧。

想当年,乔·吉拉德35岁才开始卖汽车。他不想再让妻儿过苦日子,便下决心以强大的毅力来打拼销售事业。他所在的美国底特律市是全球闻名的汽车城,业内名气响亮的优秀汽车销售员也是数以千计。乔·吉拉德此前做了几十份工作都失败了,他能从这个困难重重的市场中杀出一条血路吗?

答案是肯定的。因为乔·吉拉德不光有惊人的执着精神,还善于动脑筋总结销售技巧。这使得他能够从普通销售员没注意到的地方找到潜在的商业机遇。他最厉害的本事就是打销售持久战的耐心。

乔·吉拉德拜访顾客时,很多人都声称自己不需要汽车。但他并不放弃任何一个机会。有些顾客由于资金不足而不得不暂停买车计划,有的顾客则将汽车作为几年后送给大学毕业的孩子的礼物。反过来说,他们可能因为某个契机而改变原来的需求。假如销售员能够充分利用这一点,就可以找机会说服顾客来购买产品。乔·吉拉德正是这样做的。

他总是隔三岔五地打电话拜访顾客,每个月都不间断地寄出不同花样设计、上面永远印有"I like you"的卡片给客户名单上所有的人。乔·吉拉德曾经在1个月中寄出了16 000张卡片。

此外,他还把自己的名片印成了和美元相同的橄榄绿,以加强名片的视觉提醒效果。每次见到顾客,无论其买不买东西,他都会发一张名片。哪怕是老顾客,也是见一次面就让对方再收下一张名片。无论是在热门球赛的观众席上，还是演讲场所，乔·吉拉德都会广发名片。甚至在餐馆吃饭时，他也会在账单上夹几张自己的名片，以提高曝光率。

这股执着的精神其实充满了销售智慧。他所处的时代没有互联网、没有朋友圈，若想让所有的顾客记住"乔·吉拉德"是谁、卖的是什么产品，就只能用这种特殊的方式来强化顾客对自己的记忆。他曾经分析道："我的名字'乔·吉拉德'1年出现在你家12次！当你想要买车时，自然就会想到我！"

乔·吉拉德花了整整3年时间向大家广发名片，让周围的人都知道自己是汽车推销员。在此期间，他还是多次遭到顾客的拒绝。收下名片后真正会主动联系购买事宜的顾客少之又少。

即便如此，乔·吉拉德还坚持这样做。他的努力没有白费，广大潜在顾客牢牢记住了这个举止怪异的汽车推销员。就在他从事汽车销售工作的第3年，有343辆汽车被成功售出。次年，乔·吉拉德更是创纪录地卖出了614辆汽车。从此以后，他的事业变得一帆风顺，连续12年都位居美国通用汽车零售销售员业绩排行榜首席。

由此可见，这些辉煌的业绩中有不少订单来自曾经拒绝他的顾客。假如乔·吉拉德因为他们当初的拒绝就将其遗忘在脑后，无疑会失去很多潜在的成交机会。他有不怕被拒绝的勇气，又有长期给顾客制造影响力的耐心，时来运转也是情理之中的事。

被顾客拒绝仅代表本次销售的失败，也可能是通向成功的过渡带。销售员在遭到拒绝后，不需要太过沮丧。毕竟，许多大订单都是反复拜访客户才获得的。一次被拒绝可能只是这个过程中的一朵小浪花。

低情商的人常被顾客的一两次拒绝吓倒，看不到在这背后隐藏着扭

所谓会销售，就是情商高

EQ 情商课堂

- 顾客的拒绝有各种各样的原因，有的拒绝未必是彻底拒绝，反而隐藏着达成交易的商机。
- 高情商的销售员能以更淡定的态度对待顾客的拒绝，并从中找出让顾客无法拒绝的办法。
- 顾客的需求是在不断变化的，他们今天拒绝你，明天可能又来找你，所以不要轻易放弃每一位顾客。

转局面的希望。高情商的人则会凭借强大的韧性与超常的耐心，像广东厨师煲汤一样花长时间挖掘客户，找出他们拒绝的原因，再设法引导他们意识到自己忽略的潜在需求。

在这个世界上，哪怕是最伟大的金牌销售大师也不可能让每一位顾客都无法拒绝自己，更无法让顾客百分之百地接受自己的推销。销售是一场卖方与买方的博弈，销售员要抱着坚持到胜利的心态，面对顾客的拒绝要做到百折不挠。只有意识到销售博弈的艰巨性，我们才能更加客观地看待一时挫败，以更大的毅力完成销售目标。

不放弃是销售人员的基本心理素质

成功的销售是能力、努力和运气三个要素的结合体。缺少任何一个条件，都可能招致失败，最起码也是劳而无功。其中，运气是我们无法操控的。

比如，肯德基创始人哈兰·山德士上校凭借独特的炸鸡配方、加油站和汽车旅馆生意，曾经在肯塔基州盛极一时。不料，第二次世界大战的爆发断绝了他的加油站生意，肯塔基州的新高速公路选址恰好穿过他的店铺。于是哈兰·山德士上校顿时一贫如洗，过了很久才通过二次创业翻身。他不是不努力，也不是没能力，更不是缺乏核心竞争力，纯粹只是被大环境变化所拖累。运气的不可控性由此可见一斑。

相对而言，能力要素具有一定的可控性，但又没有太多的选择余地。能力要素包括智商、情商、专业知识、业务技能等方面，既受先天因素制约，又被后天因素影响。每个人的天赋不同，后天的能力有高有低。不少销售员奋斗一生也表现平平，这在很大程度上是因为能力存在短板。

尽管如此，只要勤奋好学也能获得相应的能力。就算达不到人中

龙凤，也可以变成某一行的业内标兵。从这个意义上说，在成功三要素中，你唯一能完全掌控的只有努力程度。而最能体现努力程度的事，就是销售员在遇到挫折时是否能坚持"不放弃，不服输"的精神。

每个人都或多或少有一种胜负心，渴望成功，厌恶失败。但通往成功的道路充满曲折，很多人因为经不起沿途遭遇的挫败感，提前放弃了无限的可能性。这一点在销售行业表现得尤为明显。

被誉为"世界上最成功的推销员"的乔·吉拉德，创下了许多销售行业的吉尼斯世界纪录，有些记录至今仍未被打破。但在他35岁之前，谁也想不到此人居然能咸鱼翻身、功成名就。

乔·吉拉德出生时恰逢美国经济大萧条时代，家里生活十分贫苦。他16岁就辍学去当锅炉工，结果在工厂干活期间染上了严重的气喘病。后来他改行做建筑师，盖了13年房子，但这也没有让他获得事业上的成功。乔·吉拉德在35岁以前，先后换过多达40个工作，尝试了多种发展道路，结果还是一事无成。别人的35岁正是事业不断上升的阶段，乔·吉拉德的35岁却只有6万美元的负债。在那个年代，这可不是一笔小数目。

为了养家糊口，乔·吉拉德只得再次换工作，通过朋友介绍在底特律的一家汽车店当销售员。

底特律作为全球闻名的汽车城，在当时拥有将近40家大型汽车经销单位，每个单位的销售员有20~40人。也就是说，底特律汽车市场的竞争激烈程度在全世界汽车市场中首屈一指。而且，乔·吉拉德做销售有着其他人所没有的先天劣势。销售员通常给人能说会道的印象，一般来说，口齿不伶俐的人不太适合做销售。不巧的是，乔·吉拉德患有相当严重的口吃，靠嘴皮子谋生的困难比普通销售员更大。

一无人脉，二有口吃，换成普通人早就放弃继续努力了。乔·吉拉德却还在咬牙坚持。多年的失败让他心情沉重，但没有摧垮他对生活的期盼。因为他还肩负着养活妻儿的责任。

没有人脉就自己积累。那时候还没有互联网，乔·吉拉德就采取看起来很笨拙的办法来开拓业务。他最初寻找客户是靠顺手撕下的几页电话簿，然后一个个给他们打电话。只要有人接电话，乔·吉拉德就会把对方的职业、兴趣爱好、对汽车的需求等信息记录在小册子上。"通往成功的电梯总是不管用的，想要成功，就只能一步一步地往上爬。"乔·吉拉德如是说，他也全力以赴地这样做。

一开始，很多人都不愿理睬电话推销，不是直接挂断，就是找其他理由拒绝。比如，有位客户在电话中表示自己打算在半年后再考虑买车。乔·吉拉德没能说服对方改变决定，但他没有放弃争取这个客户，而是将其记录在册，等到半年后提前打电话向那位客户推销汽车。

不求速战速决，但求不抛弃、不放弃。哪怕客户目前没意识到自己未来的消费需求，乔·吉拉德都会根据调查信息来提前掌握对方的未来需求，并在合适的时机促成交易。像胶水一样黏住所有的潜在客户，这便是乔·吉拉德的销售诀窍。

无论推销什么产品、开发哪个客户，销售员都必然经历一个从陌生到熟悉的过程。这个过程不会一帆风顺，可能会有某些令人头痛的情况出现。许多人常因一时困难，就选择半途而废，没有到达"熟"的阶段，又怎么能生出"巧"呢？

当然，合理评估交易风险，果断放弃一些没有价值的业务是必要的

> **EQ 情商课堂**
>
> ⊙ 销售员的努力程度，很大程度上体现为遇到挫折时是否能坚持"不放弃"的精神。
>
> ⊙ 从失败到成功，少不了一个坚持不懈的过程。
>
> ⊙ 无论多么困难，只要这笔生意有价值，高情商的销售员都会不放弃任何希望，坚持到谈成为止。

止损措施。但是，很多交易并不是没有达成的机会，只是由于客户尚未意识到产品的价值或者别的什么因素导致销售暂时受阻。

这个时候，最需要的就是销售员以不放弃成交的信念继续坚持做工作。积极找出阻碍销售的原因，然后再想办法克服这些阻碍。当客户的各种顾虑被打消时，他们就没有拒绝下单的理由。而要实现这一点，大前提是销售员自己不放弃目标。

在没有取得突破进展的时候，一般销售员会打退堂鼓，以避免遭受失败。而高情商的销售员虽然也会重新评估本次销售的价值与风险，但并不会轻易放弃，反而会拿出不达目的不罢休的气势去赢得订单。因为他们明白，机会往往出现在锲而不舍的尽头，耐不住好事多磨的过程，就不会取得最终的胜利。

第3堂课 ▶

管理好个人情绪,才能打破销售僵局

顾客花钱不只是为了买产品,同时也是在买服务。销售员的服务态度好不好,有时候对成交与否有决定性影响。所以金牌销售员总是能给人一种如沐春风的轻松感,让顾客忍不住想用消费来表达自己的支持态度。高情商者总是和善待人,努力安抚对方的不良情绪,让大家高高兴兴地交流。哪怕这一单业务最终没谈成,顾客也会觉得对销售员的优质服务有所亏欠,甚至会另找机会帮衬销售员的生意。

所谓会销售，就是情商高

没有好脾气，哪来好业绩

自古以来，国人就崇尚和气生财的理念。按照理想的标准，一位优秀的商人有包容并蓄的气量，能与上下四方广结善缘，让每一位客官都"乘兴而来，尽兴而归"。这种境况倒是与现代金牌销售员的形象有几分相通。两者最主要的共同特征就是有让顾客感到轻松愉快的好脾气。

顾客买东西的一个重要考虑因素就是销售员的态度。销售员为人和气、手脚麻利，服务既热情又周到，顾客当然会感到舒服，一高兴就会多买一点，以便帮衬商家的生意。假如销售员态度不端，要么爱理不理，要么没说两句就不耐烦，顾客当然会拂袖而去。若遇到性格较真的顾客，还会到处宣传该销售员的不良记录，以泄心头之愤。

销售员的脾气好不好，对业绩会有很直观的影响。日本销售大师原一平曾经性格暴躁、态度不佳，在很长一段时间里都没有任何收入。后来他幡然醒悟，训练出了非常迷人的微笑，并且无论面对什么样的客户都能保持好脾气，果然成为当时日本保险业的销售冠军。

和气生财的理念虽然是古老的为人处世的智慧结晶，但对销售员的工作有着相当大的指导意义。

要知道，在这个社会风气日益浮躁的年代，人们的生活压力越来越大，情绪垃圾也不可避免地有所增加。对人对事保持好心态和好脾气，难度系数可谓与日俱增。大家很容易为一些小事而怨愤不已，破口大骂。不少消费者就有这种情况，有一点不顺意就火冒三丈，对销售员横加指责。

如今销售行业的主力军已经逐渐被"80后""90后"群体全面接手。这两个不同年龄段的群体有很多差异，但都以个性鲜明著称。他们不愿意逆来顺受。换言之，顾客的坏脾气很可能激怒这些个性鲜明的年轻销售员，从而引发冲突。如此一来，销售进展势必会受到影响。

作为一名高情商的销售员，既要有坚韧不拔的鲜明个性，同时也不能放弃和气生财的传统理念。如何在两者之间找到合适的平衡点，是对"80后""90后"年轻销售员的情商大考验。

究竟什么样的脾气才算好脾气？对于这个问题，人们众说纷纭。

有的人认为好脾气就是不发火。围观的"吃瓜群众"都忍不住义愤填膺，直面压力的人反而没有怒不可遏，就一定是好脾气。

有的人认为好脾气就是不抱怨、想得宽。大家遇到不顺利的时候，总会抱怨几句。然而有些人无论什么时候都能保持微笑，你没听他们说过怨天尤人的话。

有的人认为好脾气就是平易近人。没有谁喜欢别人对自己发火，都希望对方能以耐心而和善的态度对待自己。而那些摆出一副拒人于千里之外架势的人，也不会很讨人喜欢。假如一个人生性随和，易于接近，就很容易获得大家的好感。

还有的人认为好脾气就是没脾气。淡化自我意识，削弱自己的个性特征，将个性完全隐藏在人海之中。

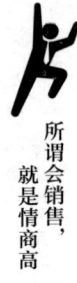

上述看法都有道理，但都存在一定的片面性。

首先，每个人都会有愤怒情绪，不发火未必是心中没有怒火，只是涵养好、不乱发脾气罢了。

其次，抱怨是一种宣泄压力的方式，但并不是每个人都通过抱怨的形式来减压。那些不抱怨的人的确心里想得宽，但很多问题也不是只靠想得宽就能够解决的。他们可能有其他的减压办法来代替抱怨和发火，尽量不让心理压力积累到火冒三丈。

再次，好脾气的人的确平易近人，但他们也并不是来者不拒。他们面对自己讨厌的人也能保持涵养，但内心的厌恶依然存在。那种不善于拒绝不合理要求的人只能被称为软弱，而不是真正的好脾气。好脾气是能出色地控制情绪，不让内心的负面情绪伤及无辜。

最后，好脾气的人也是有个性的，而且有的个性还比较刚强。他们不是自我意识淡薄，而是做人的修养极高。

总而言之，养成好脾气不等于剥夺对坏人坏事义愤填膺的权利，不等于强行压抑负面情绪，不等于只能把全部压力让自己一个人默默独扛。这些都是与人性相悖的做法，并不能真正改善你的脾气，只会让问题变得更糟。

从根本上说，一个人脾气不好的原因主要有三点。第一是情绪调节能力不足，产生负面情绪后无法有效化解或宣泄，于是只能靠冲别人发火来减轻心理压力。第二是你处理问题的能力存在短板，当我们能轻松自如地解决麻烦时，就不会为之生气。如果一件事到了让人发火的地步，说明无法一下子顺利解决。第三是外界环境中存在令你恼火的人或事。

外部因素是难以掌控的，内部因素却可以调控。因此，养成好脾气的关键是平时就学会控制和调节情绪，学会用更加丰富多变的温和手段来面对顾客。

销售员在平时说话时就要注意语气不要急，一急就容易变激动，进而难以遏制情绪。如果心里有什么不舒服的话，不要马上发火，先冷静一下，掂量掂量这件事值不值得发脾气。此外，销售员平时就要注意时常清理负面情绪，就像每天用杀毒软件清理电脑系统垃圾一样。这样可以避免因负面情绪积累过多而大动肝火。

在待人接物的方式方法上，销售员应当学会"以柔克刚"。当坏脾气的顾客大发雷霆时，销售员千万不要强硬地据理力争，与之针尖对麦芒。在沟通过程中应控制情绪，保持自己不失态，有理、有据、有节、有耐心地应对顾客的刁难。

绝大部分顾客都是讲道理的人。如果他们购物时的心情原本就不错，销售员的好脾气可以起到锦上添花的作用，并能进一步激发其消费热情。如果他们购物时的心情很糟，销售员的好脾气可以发挥安抚作用，使其转怒为喜。无论哪种情况，销售员的好脾气都将为销售工作创造良好的氛围。

EQ 情商课堂

⊙ 销售员的好脾气可以增加顾客的消费热情，这就是人们常说的"和气生财"。

⊙ 当顾客乱发脾气时，销售员不宜与之针锋相对，要用和善而专业的态度"以柔克刚"。

⊙ 养成好脾气既需要增强情绪控制能力，又需要具备更温和的做事技巧。

顾客需要的安慰剂，就在你自己身上

销售是一种兼具理性与感性的工作。其理性的一面在于：买卖双方会认真权衡产品的性价比，通过反复的讨价还价来寻找彼此都能接受的利益平衡点。其感性的一面在于：顾客有时候会由于心情大快而省略讨价还价的过程，甚至愿意在利益上做出更多让步。因为在顾客看来，销售员在精神情感上给了自己额外的优惠，这是金钱无法满足的特殊需求。

事实证明，如果能让顾客在销售过程中变得感性起来，交易成功率也会大大增加。

对于销售员来说，业绩无疑至关重要，在经济利益问题上要保持高度的理性，不可以轻易让步。但在为顾客服务时，却不宜像机器人一样生硬地执行冷冰冰的程序，而应当感性一点。

松下电器创始人松下幸之助曾经说："在这个世界上，我们靠什么去拨动他人的心弦？有人以思维敏捷、逻辑周密的雄辩使人折服；有人以声情并茂、慷慨激昂的陈词去动人心扉……但是，这些都是形式。我认为在任何时间、地点，去说服任何人，始终起作用的因素只有一个，那就是热忱。"

销售员若是给顾客摆脸色，顾客也会以冷脸回敬他，甚至顿时没了购物的兴致。销售员若是提供宾至如归的热情服务，顾客自然也会以高涨的消费热情来表达谢意。

没有人会真心反感"热情"二字，最多也只是对假扮的"热情"感到厌恶。世态炎凉一直是社会与人心的常态，所以人与人之间才更需要相互理解，需要精神上的慰藉。因此，作为销售员，谁能在这点上做得更好，谁就能在谈判与交易中赢得有利地位。

美国销售大师雷蒙·A·施莱辛斯基在业内以善于让客户帮自己做推销著称。比如，有一位叫杰克的客户与施莱辛斯基建立了良好的友谊，他后来经常向自己的同事与邻居推荐施莱辛斯基卖的产品。那款产品当时没有什么名气，在各类知名产品中缺乏竞争力。但杰克的同事与邻居使用后觉得这款产品的质量的确不错，价格也比名牌产品实惠得多。就这样，当时陷入销售困境的施莱辛斯基在客户杰克的鼎力相助下扭转颓势，业绩迅速上升。

客户杰克之所以愿意帮销售员做义务助手，是因为施莱辛斯基此前用热情的服务感动了他，他也真心地把对方当成朋友。

施莱辛斯基主张："推销员的推销目标是同客户建立有利可图的、稳定的、持续的商业合作伙伴关系，以便达到持续增加业务量的目的，并且提供售后服务。"在他看来，销售员与客户既是各取所需的利益关系，又是相互援手的伙伴关系。销售员只有用热情的服务取得客户的信任，让他们喜欢自己，客户才可能愿意帮销售员的忙。因为比起其他人，我们总是更喜欢帮助自己的朋友和喜欢的人。销售员若没有付出足

够的热忱，就无法调动顾客感性的一面，也就难以与之建立稳固而深厚的情谊。

为了做到这点，施莱辛斯基在销售过程中始终贯彻以下三个原则：

第一，在一开口的几秒钟内提到客户在工作生活中最在意的事情，以最快的速度吸引他们的注意力。

第二，找出顾客的情感弱点，准确地说是情感触发点。弄清什么事情会让他们高度认同并非常感动，然后利用这点引导他们说"是"。

第三，尽可能地避免与客户发生分歧，那样会破坏他们的好心情，从而阻碍销售进展。

不过，销售员面对的顾客成千上万，经常会遇到心情不好或脾气暴躁的人。光用热情服务不一定能安抚他们的烦躁情绪，还得结合其他手段。

顾客发脾气通常与销售员的失误有关系，比如，销售员粗心大意订错了产品，没有按期交货，忘记了与顾客约定的回电，等等。低情商的销售员会害怕面对顾客的怒气，一味躲避顾客的斥责。优秀的销售员则一方面会谨慎做事，尽可能地减少不必要的失误；另一方面会保持对顾客情绪的关注，及时以幽默而真诚的语言来安抚他们的不满。

销售员与顾客之间的关系首先是交易关系，理论上说，大家在钱货两清时就可以结束往来。但实际上，双方的关系并不局限于此，还可以延伸到更加温暖而富有人情味的朋友关系。

日本销售女神柴田和子在自传中写道："我身边的人总会体谅我，为我设想周到，他们也信守约定，不轻易改变行程。我深深体会到人际关系融洽的美妙之处。我也尽量让对方有愉悦之感。我总是将与保险有关的话题浓缩到最低限度，将最近流行的共同话题恰到好处地加以运用，让客户觉得开心而有趣。当别人觉得和我相聚是一件乐事时，也就会永远为我敞开大门。"

医学和心理学理论有个概念叫"安慰剂效应"。"安慰剂效应"指的是患者接受的原本是无效治疗，却因坚信治疗有效而让病情确实得到缓解的现象。来你这里购物的顾客，其实也想在交易中获得"安慰剂"，满足精神情感的潜在需求。

顾客需要的"安慰剂"就在销售员身上。销售员的一举一动将直接影响顾客的心情好坏，进而左右他们的最终决定。

高情商的销售员无不深谙此道，致力于用正面的情感激励顾客，避免用负面的情感刺伤顾客。在他们的巧妙调控下，顾客就算是带着坏情绪光临卖场，也能带着好心情离开，手里还提着销售员推荐的产品。

EQ 情商课堂

- 做销售既要理性也要感性，如果能激发顾客感性的一面，就可能比平时获得更多订单。
- 最能打动顾客的感性因素就是销售员的体贴与热情，没有这一点，销售员无法与顾客建立稳定而长久的商业合作伙伴关系。
- 当顾客从销售员这里得到充足的心灵"安慰剂"后，他们会像朋友一样热情地帮销售员宣传其公司的产品或服务。

用额外的优惠让对方产生亏欠感

有些人对销售工作的理解比较肤浅,以为销售就是把顾客口袋里的钞票赚过来。于是,他们在推销产品过程中毫无互惠意识,老想着怎么多占顾客的便宜。这是一种低情商的做法,非常容易与顾客的关系变得紧张,不利于开展业务。高情商的销售员则不会这样做,而是根据情况适度地给顾客让利。

销售大师博恩·崔西有个销售心理法则理论,其中一项内容就是报酬法则。

简单地说,报酬法则就是人们希望自己的付出能得到对等的回报。不过在实践中,我们得到的回报往往远不及付出的多,有时候则超出了付出水平。前一种情况让人心有不甘,后一种情况则会令人于心有愧。高明的销售员非常了解人们的这种心理,并善加利用。与其占小便宜让客户不满,不如让他们心里有愧。

顾客无疑是希望销售员能给出更多优惠的。可是,当销售员在其他看似跟销售无关的方面也给顾客带来很多方便的话,顾客就会感到有些不好意思,觉得亏欠了销售员的人情。这种亏欠感会促使他答应更多销售员的请求，从而让自己心里感到舒畅，没有人情负担。

日本保险业的销售女神柴田和子就精于此道。她在维护客户关系时，会根据不同的情况给对方额外的小恩小惠。此举已经远远超出了常规的人性化服务，让顾客在生活上得到了很多照顾。所以，柴田和子的客户们也乐于照顾她的生意，以作为谢礼。

日本是个礼多人不怪的国家，非常在意"失礼"问题，也执着于"回礼"。这使得许多日本销售高手都通过赠礼来促进人情往来，以便与自己的顾客建立良好的人际关系。柴田和子在这方面以其特有的细致与体贴，折服了各式各样的顾客。

有的顾客喜欢看日本传统戏剧，对他们来说，欣赏帝国剧场或三月剧场的节目是莫大的享受。有一次，柴田和子一口气买下了几十张这两家剧场的戏票，送给了客户名单中的日本传统戏剧爱好者。这几十位顾客自然非常感动。而柴田和子看到顾客欣喜若狂的表情时，自己也感到开心。

为了推广"领导21"型保险，柴田和子特意赠送给顾客一张录有21首曲子的音乐CD。她还专门附上了短信，表示希望与顾客们在一起倾听这些优美的旋律。这种用心的态度，往往能让顾客更加重视与她的合作。

柴田和子时常会拜访原先有业务往来的一些公司。每次她都会顺便买上几盒寿司。她一进去就对在座的职员说："哎呀，诸君今天也在加班啊！还没吃饭吧？真是太辛苦了。我一年难得来一次，所以特地给大家带了寿司来。这可不是钱的问题，而是一路捧过来实在太重了。各位接受我的心意，帮我分掉它吧！好了，这个办公室里还没有投保的

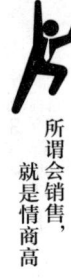

人，请举手！"

正在加班的职员们吃到寿司时，对柴田和子充满了感激，于是照她说的去做。

紧接着，柴田和子对大家说："请看在寿司的份上，还有我从远道努力捧来这里的情面上，总有几位要投保的吧！请帮我找一找。请帮我把寿司搬一下，今天我可不空手而归。最近我几乎不做个人保险，可是今天例外，我可要努力签几张保单回去。"

这种调侃式的推销与额外的小礼物组合在一起，让该公司的职员们产生了亏欠感。于是，那些没投保的职员很快响应了柴田和子的号召。

赠送小恩小惠的机会非常多。柴田和子经常在顾客生日时赠送小礼物与诚挚的贺卡，在顾客出国前赠送对方一个从寺庙求得的平安符。游乐园的入场券、音乐会的门票、明星的签名照片等也是她常用的小礼物。柴田和子无论送什么礼品都会在礼物上附加一张卡片："我可没有忘记你啊！"

根据她的经验，贵重礼品未必能真正取悦顾客，只有根据顾客喜好挑选的那种有特别心意的礼物，才能让他们感到珍惜。这也有利于销售员降低客服成本。

正因为柴田和子坚持给自己的顾客带来额外的小恩小惠，所以她的顾客往往具有较高的品牌忠诚度。更让顾客感动的是，她总是努力记住每一位顾客的信息。

有一回，有位设计师事务所的社长打电话来说想为自己的太太投保，还说因为多年不见，柴田小姐可能已经忘了那家公司的地址。原来，双方上次签约是在八年以前，后来一直没有通过话。但柴田和子从接到电话开始就在回想对方的身份。当她准确地说出了对方办公室的地址时,那位社长顿时非常感动。

这次经历让柴田和子感叹道:销售员千万不能只盯着眼前的事情,而忽略了用心让顾客感到更加快乐的功课。这些额外的小恩小惠自然是一种取悦于人的手段,但销售员如果带着诚意去做,就能恰到好处地运用顾客的亏欠心理,从而取得双赢的效果。

销售员的额外优惠是改善与客户关系的重要手段。柴田和子说:"心动不如行动,所以,我经常将自己的真心变为实质性的行动。在节日的时候,我会给客户们一些表情达意的小小礼物,一方面是感谢他们和我签约,另一方面是告诉他们我会与他们长久联系的。每年的人情应酬金额较大,特别是多年累积起来,数额就更大。但是,我的'投资'会得到更大的回报,我和客户的关系变得牢不可分,同时,他们还给我介绍连环客户。如果从成本的角度来说,我的这些开销是超值的,既能取悦对方,又能使自己的事业有所进展。"

对于部分低情商的销售员而言,交易不过就是一手交钱一手交货的一瞬间,甚至连售后服务都可以推给其他部门的人。

这种观念是不可能让顾客产生快乐情绪的。假如顾

EQ 情商课堂

⊙ 每一位顾客都喜欢优惠,但额外的优惠会让他们对销售员产生一定的亏欠感。

⊙ 亏欠感会促使顾客更容易接受销售员提出的条件,签下更多订单。

⊙ 平时用额外的小恩小惠维系自己与顾客的感情,是高情商的销售员最有人情味的一面。

客的消费体验不快乐，消极情绪会让他们毅然舍弃你公司的产品，从而改投你的竞争对手。

而那些高情商的销售员，无时无刻不在销售，为顾客带来额外的惊喜。顾客在惊喜与亏欠感的双重作用下，会对销售员产生更多的信赖感。这样大家都开心了，生活就顺畅了，生意也就做成了。

无论结果如何,都不要让它影响情绪

我们说的每一句话、做的每一件事,背后都有一个核心情绪作为驱动力。从某种程度上讲,任何理智的思考都是对某个核心情绪的包装。这在顾客和销售员身上体现得十分明显。

顾客在购物环境中往往比平时更容易出现情绪波动。如果购物体验满意,他们会非常高兴地做出冲动消费的决定。反之,只要购物体验的过程中让他们感到丝毫的不舒服,他们可能会放弃原本的购物意图,甚至对销售员进行有道理或没道理的投诉。对于销售员来说也是如此。当销售员心情舒畅时,就能和颜悦色地对待顾客,耐心地帮顾客解决问题。一旦销售员的情绪不佳,很容易在待人接物上出现纰漏,甚至惹得顾客心里不痛快。

从这个角度来说,交易成不成功是由双方当时的情绪决定的。想要让顾客乐于消费,就得设法让他们抱着更积极的情绪来交流。

情绪是一把双刃剑,可以伤到自己,也可以披荆斩棘。低情商的人总是被情绪所左右,无法冷静地说话做事。哪怕内心明明知道自己在犯错,也不肯改正,直到出了大麻烦才后悔莫及。高情商的人则懂得根

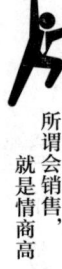

据场合需要来调节自己的情绪,并设法稳住对方的情绪,以便把事情做成。他们成交的时候不狂,遭拒的时候能扛。只要进入工作状态,就主动调整好个人情绪,以更积极的态度对待销售工作。

优秀的销售员无论谈判结果还是工作进展如何,都不会被消极的情绪彻底吞没。因为他们很清楚,情绪波动足以冲昏自己的头脑,导致销售失败。

齐格·齐格勒曾经受美国密歇根州一个房地产经纪人委员会的邀请去做演讲。在演讲之前,他参加了一个午餐聚会,大家都在聊天。有一位先生一直抱怨最近的生意非常糟糕。

原来,当时著名的美国通用汽车公司正在闹罢工。罢工活动影响了正常的市场秩序,让居民很难从别人手里购买鞋子、衣服、食品、汽车,甚至任何东西。当然,也包括房子。这位先生已经在很长时间里没有成功售出一栋房子了。眼看着迟迟达不到销售目标,他心里很着急,期盼着罢工潮赶紧结束。否则的话,他可能会破产。

齐格·齐格勒听完他的抱怨后,又转头询问了一位女士同样的问题。这位女士的回答却与前一位先生大相径庭。

她微笑着说:"哦,您知道的。齐格先生,通用汽车公司正在罢工,所以生意好得简直像奇迹。这几个月以来,人们第一次有了充裕的时间为布置自己理想中的家居环境而去逛商店购物。"

听了这话,齐格·齐格勒感到不解。刚才那位先生愁眉不展,这位女士却喜上眉梢,仿佛面对的不是同一个世界。

女士分析道:"有些客户可以用半天时间来看房子,仔细查看小阁楼、隔热层、厕所、壁橱、地基。他们对美国的经济有信心,相信通用汽车公司引发的罢工潮迟早会结束，而且判断此时买房比以后更便宜。所以我这边的生意还是很兴隆的。"

这位女士甚至认为，如果罢工能再持续6个星期，自己就能赚到一大笔钱，从今年开始退休享受生活。

同样是从事房地产销售工作，一个人因罢工潮而生意惨淡，濒临破产；另一个人却因此生意红火，业绩高涨。两者面对的其实是同样的市场环境，但销售成果却天差地别。

齐格·齐格勒由此感叹道："生意的好坏并不取决于外部环境，而在于销售员自身的态度。如果一个人以积极的情绪来对待外部环境，就会认真去琢磨克服销售阻碍的办法。只要坚持寻找办法，就能走对路子，为事业带来转机。"

许多杰出销售员的起步条件其实更加糟糕，但他们最终还是成功了。说到底，他们有成功的愿望，不被一时的局面扰乱情绪，然后又找到了实现目标的办法。正是这种不为所动的积极情绪，使得他们迈向成功。假如不能控制好自己的情绪，让成功的愿望被冻结起来，销售员的思维就会僵化凝滞，事业也自然毫无发展。

科学研究证实，情绪是不受意识控制的本能反应，而且人类经过数百万年进化出来的大脑，天生就不容易做到用理智控制情绪。

当信息通过感官传入我们的大脑时，会分为两个路径输送到不同的脑部区域。这两个路径长短不同。短的那一条通向结构相对简单的脑部区域（即所谓的情绪脑），长的那一条则通向更为精密复杂的脑部区域（即所谓的理智脑）。

情绪脑适合做一些快速简单的判断，理智脑则适合做需要深思熟虑

> **EQ 情商课堂**
>
> - 交易成不成功是由销售员与顾客双方当时的情绪共同决定的,想要顾客情绪良好,自己先要保持积极情绪。
> - 情绪是一把双刃剑,可以伤到自己,也可以披荆斩棘。
> - 高情商的销售员无论交易结果如何,都不会让自己的情绪被扰乱。

的判断。当你认真思考某个事物的利弊时,就是在用理智脑做运算。由于神经传输路径短,情绪脑总是比理智脑先一步得出信息,更快做出判断,并将指令传递给我们身体的各部分。

由此可见,控制情绪本来就是一件不容易的事情。销售工作千头万绪且瞬息万变,会让销售员的情绪波动变得更大。特别是遭遇推销失败和顾客投诉时,销售员的消极情绪会达到峰值。内心稍微脆弱一点的人,要么会变得气急败坏、失去理智,要么会悲观失意、彻底丧失信心,这些都是情商不够高的表现。

作为一名销售员,应当具备更强的抗压能力与自我情绪调节能力。只有这样,才能在顾客情绪不佳时稳住自己的心神,不至于手忙脚乱,做出激化对立情绪的行为。所以说,无论本次销售的结果如何,这一页都应该翻过去,重新保持平和的情绪来处理下一单生意。

第4堂课 ▶

审视一言一行，让你的销售能力不断提升

除非遇到极端不利的情况，否则大部分交易失败的原因都在销售员自己身上。谈判顺利时忘乎所以，进展受阻时急于求成。心态的不成熟极大地影响了销售员的表现，也限制了他们能力的发挥。如果不懂得总结经验教训，重新摆正位置，销售员就永远得不到进步。学会认清自己的长处和短处，让自己的言行变得更加成熟，才是高情商的销售员应该做的事。

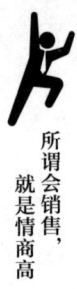

所谓会销售，就是情商高

成交失败的原因往往在你自己身上

杰出的军事家总是从战争中学习如何打仗，他们关注别人和自己的每一次败仗，从中汲取主观方面的教训。优秀的销售员总是在业务中学习如何交易，他们同样关注自己的每一次失利，从中找出交易失败的主要原因。

部分销售员总是喜欢把推销失败的原因推给客观原因。比如，市场本身不景气，产品报价比竞争对手高，顾客是一个非常难打交道的人，顾客对我们公司的产品一直没有好感，竞争对手太厉害之类的客观原因。说得好像自己已经竭尽全力、用尽了办法似的。

他们几乎从来不检查自己身上存在的问题，而是莫名其妙地自我感觉良好。于是，自身的那些短板与局限一直无法被克服，他们的销售能力和情商素养也就迟迟得不到改善。

如果真有客观上的不可抗力，各行各业的销售员的业绩会整体下滑。只有此时，客观因素才成为成交失败的主因。除此之外，成交失败的主因都在销售员自己身上。

通常，销售员会因为以下几点而失去顾客的信任：

1. 神经过敏，稍微有点小问题就紧张兮兮

无论顾客在自己的事业上有多么成功，有多么高的智商与学历，通常一开始都会默认你是销售领域的专业人士。因为他们并不了解产品和服务，只能听你的意见。假如你自己是个沉不住气的人，就会在走路、说话、姿态中表现出自己的不稳重、不成熟。顾客虽不懂业务知识，但能一眼看出你是一个缺乏自信且业务不熟的人，自然不愿意与你交易。

2. 把自我贬低当成有礼貌

营销专家奥里森·马登先生指出："你在拜访一个潜在的顾客时，应该表现得就像一个好消息的递送者，使人相信你会为这个家庭带来好消息。如果你能使他们对你推销的东西产生兴趣，这表明你正在给他们带来实际利益……有些推销员在接近潜在的顾客时，其表现似乎并不是希望得到订单，而是希望不要被踢出去，至少是有礼貌地要求他们走开。"

高情商的销售员都是有礼貌的，但他们的开场白不会给顾客一种畏首畏尾的奉承感。明明没做错什么事情，就带着一副万分抱歉的态度来接近顾客，会让对方觉得你没有尊严和自信。生硬的拒绝，冷漠的怠慢，礼貌的谢客，大部分顾客只会从这三种方式中选择一种让你吃闭门羹，而不会耐心听你继续说"抱歉"。

3. 在言行举止中表现出对顾客的不尊重

有的销售员言语粗俗、举止粗鲁，还自以为是为人豪迈，真性情。殊不知，已经给顾客留下了"此人缺乏教养，一点儿都不专业"的坏印

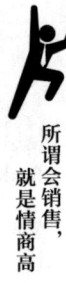

象。有的销售员表里不一、言行不一，表面上对顾客多有恭维，但背地里对顾客非常蔑视。奥里森·马登先生讲过一个案例，有位销售员在与顾客交换名片后，一直在手中把玩对方的名片，顾客在谈判中注意到这个细微动作时，生气地把名片要了回去，然后转身离开了。

奥里森·马登先生告诫所有的销售员："你的态度、精神状态以及你的个性，决定了你推销艺术的高低。你给他人的印象将成为影响你推销的一个非常重要的因素。"许多怨天尤人的销售员，由于缺乏自省精神，压根就没意识到自己在态度、精神状态和性格等方面给顾客造成了很坏的印象。他们对自己被对方讨厌毫无自觉意识，自然也就不会想到销售失败的主要原因出在自己身上了。

低情商的销售员喜欢为自己找借口，成功了就说是自己的天才表现，失败了就推说是外在的因素拖了自己的后腿。而高情商的销售员不会为失败找借口，而会认真地找原因并虚心改进。

如果审视自己的一言一行，失败的理由与成功的原因都会找到。

奥里森·马登在《伟大的励志书》中指出："如果许多事业有成的商人或自由职业者仔细分析一下自己成功的原因，他们就会吃惊地发现，原来成功一大部分是归功于习惯性的礼节和许多其他受人欢迎的品质。如果没有这些品质，自己所有的智慧才能、所有的深谋远虑和所受的专业训练，这一切加起来都不会达到现在一半的成功。因为无论他多么精明强干，多么才华横溢，他那粗鲁无礼的举止行为都会吓跑所有的客户、顾客和病人。只要他的个人品质让大家排斥，他就永远无法在众人当中立足，永远无法处于有利的地位。"

这里提到的"习惯性的礼节和许多其他受人欢迎的品质"，都可以归为情商因素。俗话说"礼多人不怪",因为你无处不在的"习惯性的礼节"充分体现了对他人的尊重。每个人都有精神松懈的时候,平时对他人彬彬有礼,但状态不佳时就会觉得这样做很累,于是不再按照职业要求保持应有的礼节。

高情商的销售员则克服了这个普通人都有的缺点,哪怕自己的精神状态再糟糕,也不迁怒于人、不冷落顾客,依然保持着友善的态度与习惯性的礼节。这说明他们怀着一颗尊重他人的至诚之心,他们的礼节只是诚意的自然流露而已。面对有着好习惯与好品质的销售员,再挑剔的顾客也会暗暗赞叹,大家当然愿意跟他谈判,并达成交易。

销售员并不是一开始就能表现得如此成熟老练,从失败中学习销售技巧,领悟身为销售员的职业素养,是一个必经的学习过程。唯有坚持不断地自省与学习,你才能逐渐改掉自己身上的不成熟,最终成为高情商的优秀销售员。

> **EQ 情商课堂**
>
> ⊙ 优秀的销售员总是关注自己的每一次失利,从中找出交易失败的主要原因,以求提升自己的业务技能。
>
> ⊙ 阻碍销售员进步的最大障碍,就是缺乏反省意识和学习精神,把失败的责任都推给外在因素。
>
> ⊙ 志向远大的销售员应该培养习惯性的礼节和许多其他受人欢迎的品质,不断提高自己的情商修养。

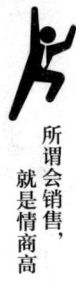

所谓会销售，就是情商高

花钱举办批评会的传奇销售员

金牌销售员的能力之所以超群，是因为他们经过长时间克服自己的缺点。经过千锤百炼，反复打磨，最终炼成大器。

所以，高情商的销售员总是充满自省精神，善于总结经验教训。当交易顺利达成时，他们一方面为成功而喜悦，另一方面则会记住营销过程中的不足，以求改进。假如本次销售无功而返，他们会认真地进行自我批评，好好琢磨存在的问题。当然，光是自我批评还不够。俗话说得好："良医不自治，良师不自教。"你对自己的反思再彻底，也可能囿于一己之见，忽略其他的毛病。这时候，通过他人的批评意见来审视自己此前没注意到的问题，是一个不错的解决办法。日本传奇销售员原一平就曾经为了鞭策自己上进而花钱请人批评自己。

原一平刚涉足保险业时，业绩非常糟糕。为了节省开支，他曾经天天不吃午饭，不坐公交车上班，在公园长椅上睡觉。但原一平有着强烈的不服输精神，越挫越勇，终于打开了局面。他人生中的转折点很多，开展"原一平批评会"是其中一个重要的转折点。

从老家长野县到东京打拼四年后，27岁的原一平依然落魄不堪。有一次，他来到了一家名叫"村云别院"的寺庙，向住持吉田胜逞法师推销保险。原一平滔滔不绝地大谈自己公司保险的好处，但吉田法师只是静静地听。直到原一平全部讲完后，他才不紧不慢地说："听完您的介绍后，我还是没有投保的兴趣。"

这话顿时给得意忘形的原一平泼了一盆冷水。就在原一平感到沮丧时，吉田法师温和地说："人与人相对而坐的时候，我们必须具备能迅速吸引对方的魅力。倘若做不到这点，你未来的事业也是前途堪忧。"

原一平听得冷汗直流，却又不解其意。吉田法师指出：原一平并不真正了解自己，所以也不知该怎样改进自己的不足。他给出的办法是，让原一平向自己的投保客户虚心求教，请他们来指出原一平需要改正的错误。

吉田法师一席话让原一平顿时醒悟。他意识到自己缺乏吸引顾客的亮点，身上有许多让别人厌恶的缺点。如果不能克服这些毛病，就无法说服客户，更无法继续向前。原一平做事一贯是要做就做彻底。他不仅接受了吉田法师的建议向投保客户请教，还从微薄的收入中划出一笔钱充当"原一平批评会"的专项经费。

"原一平批评会"是原一平亲自定下的集会名称。他决定每个月都抽时间来举行一次集会，每次邀请五位客户并请其中一人担任会议主席。大家会选择一家安静的小酒馆，边吃晚餐边批评原一平。所有的钱都算在原一平头上。

原一平做好规划后，先从关系最好的几位投保户做起。他虚心地说："我没读过大学，才疏学浅，不懂得怎样反省。于是决定召开'原一平批评会'。希望诸君能抽空参加，对在下多批评、多鞭策。"

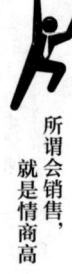

这些老客户感觉很稀奇,就爽快地答应了。他们果然在批评会上毫不客气地说了很多批评意见。

"原一平,你性格火暴,老是沉不住气。""原一平,你粗心大意,在小事情上很马虎。""原一平,你太自以为是,喜欢一意孤行。要多听他人的意见。""原一平,你经常轻易给别人许诺。结果因为经常做不到而失去信用。""原一平,你的生活常识不够丰富,所以必须加强特训。"

一直以来,不服输的原一平总是不肯承认别人对自己的轻蔑与贬低。但这一次,他虽然羞愧得恨不得找个地缝钻进去,但还是认真地把这5位客户的逆耳忠言记录下来,以便督促自己改正缺点。

为了让集会达到目标,原一平总是主动要求大家畅所欲言,自己则一定热情招待。哪怕被批评得无地自容,他也绝不埋怨对方。每个参与批评会的客户,都会得到他赠送给小孩子的玩具。出于听到更多不同批评意见的考虑,原一平基本上不在同一年中重复邀请已经参加过批评会的客户。

也就是说,原一平每年要不重复地邀请60位客户参与"原一平批评会",接受至少60个批评意见。换个角度来看,当时销售尚无起色的他每年需要多付60人份的酒菜钱,这对事业还在起步阶段的原一平来说,无疑是一个沉重的经济负担。

尽管如此,原一平依然执拗地坚持每月组织批评会。哪怕穷到要靠典当衣服来维持生计,他都不会挪用批评会专用经费。就这样,"原一平批评会"连续举办了6年,共计72次。原一平变得越来越成熟老练,而他的销售业绩也在此期间直线上升。

由于客户们渐渐提不出太多批评意见,原一平便结束了这种花钱请客户批评自己的集会。不过,他并没有结束广纳谏言的生活习惯,又雇用征信所的人来调查自己在业内的口碑。花钱买批评让原一平受益终身，最终成为日本保险行业中最杰出的男性金牌销售员。

原一平自嘲每次接受批评都像被剥了一层皮，但他很珍惜每一个批评意见（甚至是责骂），直到自己完全改正为止。这就是典型的高情商人士的特点。

每个人都有自尊心与自信心，从而让自己在面对风浪与质疑时能够坚持主见、不为所动。但自尊心和自信心过剩，就变成了刚愎自用、一意孤行。这将会导致销售员无法正确认识自己，丧失了自省的能力。不少销售员在事业低谷期能保持虚怀若谷的心态，却在一帆风顺时变得听不进任何意见。由此可知，情商高低在很大程度上取决于人的自省意识。当我们不愿进行批评与自我批评时，就会从高情商的人变成低情商的庸夫。

> **EQ 情商课堂**
>
> ⊙ 高情商的销售员都善于做自我批评，以便提升自己的业务能力与人际关系处理能力。
> ⊙ 为了更好地完善自己，高情商的销售员会主动向客户征求批评意见。
> ⊙ 永远不要让自尊心和自信心过剩，否则你将无法正确认识自己。

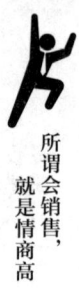

所谓会销售，就是情商高

控制好心态，越急越保不住大单

也许是互联网社会出现了太多一夜暴富的创业传奇，不少人变得越来越急于求成，巴不得每年的收入翻一番。可是，自从2008年金融海啸以来，全球经济一直处于低迷状态，就连发展速度相当快的中国，也开始转入降速发展的"新常态"。这意味着"赚快钱"会变得越来越难，给那些急于求成的人带来了沉重的压力。

很多销售员心里也知道"欲速则不达"，却又忍不住片面追求以更快的速度发展。结果到头来往往劳而无功，平白损耗了宝贵的信心。

时间就是金钱，但浪费时间的方式除了无所事事外，还有穷忙和瞎忙。急于求成的销售员看起来非常努力，不停地走访客户，加班加点跑业务。但这只是战术上的勤奋，并不能掩盖其战略上的懒惰。表面上，他们百折不挠、屡败屡战，有着很出色的抗挫折能力，是大家眼中的高情商人士。其实，他们的忙碌在很大程度上是由于自己没做好前期准备工作而造成的。

说服客户不是一件轻巧的事，有时候可能要三顾茅庐。但部分销售员屡屡被客户拒绝，并非运气问题，而是没有抓住对方心中想要的那个卖点。这恰恰需要非常认真地下功夫研究该客户过去与当前的需求状况。否则，反复拜访客户也只是在碰运气。撞大运式的努力，成功率可想而知。究其原因，还是销售员急于迅速拿下订单，不肯花费时间去做枯燥的准备工作。

优秀的销售员，特别是带团队的销售主管，都非常重视市场动态及客户状况的调查。把精力集中在准备环节，可能会在一段时期内影响销售业绩。但他们往往有出色的情商来忍耐这个业绩低谷期，坚持到条件成熟时再出手，这样前期的低迷就会被厚积薄发的成果所取代。

戴尔分公司的销售主管菲利普斯曾经在两个月中忙得焦头烂额却没能卖出一台电脑。但他并没有因此感到沮丧，因为他在此期间整理出了几万名客户的资料。

菲利普斯没有急于卖产品，而是踏踏实实地先分析海量的客户资料。客户的性格、消费需求、住址、兴趣爱好、潜在要求、拒绝的理由、讨厌的东西，都已经被调查得一清二楚。销售员可以从这海量的信息中筛选出最有价值的理想客户，研究出不同客户群体的消费需求曲线变化特征，从而帮助公司调整营销战略、重组营销渠道。这样一来，签下大客户订单的概率就提高了。

道理谁都明白，但人很难控制住追求速胜的心态。哪怕知道后半程发力可以率先通过终点，大家照样忍不住想在前半程处于领跑位置。

在不少人眼中，销售员的业绩是跑出来的，而不是等出来的。你让他们耐心地放长线钓大鱼，他们首先想到的是这个月销售业绩太低不好看。由于头脑中充斥着这种急于求成的想法，这些人基本上丧失了反思能力，也没有意识到自己需要学习的东西还有很多。

销售培训导师汤姆·霍普金斯曾经指出："销售员必须掌握一系列知

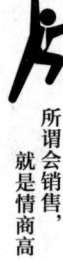

识来化解每天面对的各种压力，诸如客户的拒绝、管理层的压力、配额、经济变化、预算等。遗憾的是，大多数销售员都不会用积极的方法来处理这些压力。他们总是被动地应对这些压力，而不是事前主动处理。"

许多销售员急着寻找大客户，却始终疲于奔命。归根结底，就是因为缺乏足够的知识来解决问题，无法在事前积极排除隐患，只能在事中不断地查缺补漏。

学习一系列的知识，是提升解决问题能力的不二法门。但是这又会占去许多时间和精力。一般的销售员往往不愿意去做这件事，哪怕他们已经对接二连三的失败感到迷茫困惑，也很少会想着把节奏慢下来，先充充电。

那些金牌销售员大体也经历过这个阶段。但随着认识水平的不断提高，他们很快会意识到自己的局限性，从而放弃那些迅速取得骄人业绩的不切实际的想法。沉下心来去学习，给自己多充一点电，哪怕销售任务再辛苦，也不放弃任何提升自我综合能力的机会。正是这种高情商的做法，开启了他们销售生涯的成功之门。

柴田和子在《我是日本销售女神》中写道："通过在'女子训练班'的训练我认识到，学习相关的保险推销知识是非常必要的。无论做什么事情都一样，光靠行动是不成的，知识非常重要。同样需要全力以赴的行动，但有知识做后盾的行动，其成果则要大得多。迈成功之道，眼光不能短浅，必须要合理地、缜密地计划未来。所以，从进公司第三个月开始，我每周到外务大学听讲两天，打算成为'检定人寿保险士'，那是保险相关领域的最高峰。"

当时的柴田和子已经在业内小有名气。她作为一个保险业的"菜鸟",刚入职没多久就意外地拿到了187个保单。尽管如此,她并没有得意忘形,反而更加重视自己对知识的学习。

每周白天努力工作,抽两个晚上去听课。兼顾工作、家庭与学业非常不容易,柴田和子时常由于白天销售太辛苦而在晚上听课时打瞌睡。想要通过专业考试的难度很大,需要考8门必修课,而且这类考试很难及格。所以,有的学员学习了8年甚至10年,都没能通过考试。不少人因此半途而废。但是,柴田和子硬是凭借毅力坚持了下来,在两年内通过了所有考试,顺利取得了人寿保险硕士学位。

从此以后,她的销售工作越来越如鱼得水,蝉联了16年日本保险销售冠军,在1988年成为全球人寿保险的销售冠军,并逐年刷新自己创造的吉尼斯世界纪录。

由此可见,销售员应该放弃那种追求速胜的浮躁心态,沉下心来找出自己的不足,通过刻苦努力的学习来充实自己、提高自己。当你具备赢得大订单的实力时,大订单自然会来到你面前。

> **EQ 情商课堂**
>
> ⊙ 急于赚快钱的念头使得许多销售员变得心浮气躁,陷入欲速则不达的困境。
> ⊙ 低情商的销售员没有厚积薄发的意识,也缺乏放长线钓大鱼的耐心。
> ⊙ 高情商的销售员并不急于求成,而是先踏踏实实地完善自己,为赢得大订单做好充分的准备。

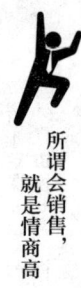

认清自己的劣势,扬长避短做销售

销售员的能力有大小,情商有高低,但在一个方面几乎没有差别——都是优点与缺点的混合体。哪怕世界上最顶尖的金牌销售员也不例外。

比如,日本销售之神原一平长得非常矮,形象也一般;日本销售女神柴田和子刚入保险行业时连什么是保险都不知道;美国"世界汽车销售第一人"乔·吉拉德患有严重的口吃;美国"最伟大的保险推销员"弗兰克·贝特格曾经对每一次出门跑业务或上台演讲都感到恐慌……他们从来就不是完美无缺的神,和在座的每一位读者同样有着这样那样的不足之处。

平心而论,以上这些销售精英们进入销售行业时的起点,并不比现在的销售员高。他们不是年龄处于劣势,就是学历不够突出,甚至连同类工作经验都没多少。他们的顶头上司都曾经怀疑他们是否能成为一名合格的销售员。

原一平和弗兰克·贝特格都曾经在入行很长一段时间里没有做出一单生意。其中,原一平困顿了7个月,弗兰克·贝特格则懵懂了10个月。

这些日子里，两个人都穷困潦倒，受尽白眼，信心遭受重创。现在做销售的朋友，很少在这么长时间内都无法取得进展，几个月下来至少能有一两次小收获。当然，没做多久就改行的另当别论。虎头蛇尾的人无论做什么都不会有成效。但是原一平和弗兰克·贝特格的失败并不是因为不能坚持努力，而是别的原因。努力后依然饱尝苦果，这无疑更令人沮丧。

柴田和子原本是家庭主妇，为补贴家用出来找工作。她刚开始不仅毫无销售经验，甚至对"销售员"这个词都十分反感，尤其是人寿保险的销售员。也就是说，她起初压根就不打算做什么销售冠军，甚至都不想成为推销员。这比起一入行就立志一年实现业绩一百万的销售菜鸟，态度就不够端正，倒是和那些动辄跳槽的人有几分相似。这显然跟大家熟知的成功人士作风相去甚远。

但他们都克服了自己的劣势，转变固有观念，把销售当成终身事业，最终成了各自行业中的佼佼者。

倘若我们让这些金牌销售员总结他们反败为胜的秘诀，他们大都会这样说："并没有什么秘诀，不过是扬长避短地做销售而已。"他们并不是在客套，说的确实是大实话。

比如，原一平的个子矮、相貌也不帅，于是他就用心钻研最得体的衣着打扮，并刻苦练习笑容。后来，日本人民称赞原一平是"练出价值百万美金笑容的小个子"，而美国著名作家奥格·曼狄诺尊其为"世界上最伟大的推销员"。虽然现在大部分销售员也是微笑待客，但他们的笑容是一种如同执行程序一般的"商用表情"。原一平的笑容则有着与众不同的亲和力，故而能打动广大客户。他通过扬长避短，彻底扭转了自己在客户和上司心中的形象。

柴田和子一开始不想做销售，但她的母亲劝说道："你认为比较好的职业，别人同样认为好，大家都往里面钻，竞争往往十分激烈，最不容易做出成绩来；而你不看好的职业，别人也同样不看好，那么竞争相对就要弱许多，以你的资质，或许能在保险界干出一番大事业来！"母亲的话让柴田和子重新认识了保险行业，她这才下决心好好做这份工作。她做得比任何人都努力。

原一平与弗兰克·贝特格刚开始卖保险的时候，都由于缺乏销售技巧与客户资源而陷入大半年的困顿。由此可见，通过拜访陌生客户来增加业绩对销售新手来说并不是一件容易的事。以较大年纪入行的柴田和子也同样经过了这道关卡。

不出意料，柴田和子在训练学习期间的某一日，花了半天时间拜访了17位陌生客户，业绩却是零。为此，她决定另辟蹊径，先向自己的亲朋好友推销保险，再逐渐向开拓陌生客户的方向扩展。尽管她缺乏成熟的技巧，但善于动脑的优点为她打开了幸运之门。下面这个方法在今天已经不新鲜，但在那个年代无疑是一种创新。

柴田和子精心制作了一大堆明信片，上面写着："也许您非常讨厌保险业务员！但是为了我的学习，请您务必赐见。"她把这些明信片分发给所有认识的人，希望能碰上几个机会。令人没有想到的是，她居然很快走了好运，一下子就签下了187单投保合同。这次的成功让柴田和子思路大开，她又拜托自己以前供职的公司的社长帮忙。果然，在前任领导的牵线下，柴田和子又一鼓作气签下了3 000万日元的保险单。入行没多久就取得了如此辉煌的业绩，公司的上上下下都不得不对这位销售新手刮目相看。

其实，柴田和子的成功在很大程度上是因为她有过人的情商。她在每一年的感恩节都会给自己的客户送一只火鸡（感恩节的特定食物）。凡是客户有困难时，她都仗义地施以援手。古道热肠的脾气与真诚做事的精神，让柴田和子赢得了大家的尊重，她的保险事业也因此顺风顺水。

也许你觉得这些都是没什么稀奇的"小花招"。然而，很多销售员满脑子只想着约客户来谈业务，让他们多消费一次，而在不需要客户过来时就把他们忘得一干二净，根本不会像柴田和子那样把客户真正当成朋友来看。客户不是傻子，也懂得这种"人一走，茶就凉"的套路，自然就不会特别配合销售员的活动。这些生怕自己吃亏的精致的利己主义者，无论在做人方面还是业绩方面都远远达不到销售女王柴田和子的境界。

据统计，日本"保险女神"柴田和子平均每年的销售收入达到了17亿日元，相当于公司里804名销售员业绩的总和。她连续16年蝉联日本保险销售冠军，成为原一平之后的日本人寿保险销售第一人，多次刷新吉尼斯世界纪录。

奥里森·马登博士指出："愚蠢弱智的人也能成为伟人。他们往往被认为愚笨，只是因为他们处在一个不恰当的环境中，人们尚未发现他的天赋而已……可以这样说，没有哪一个认识到自己天赋的人会成为一个无用之辈；也没有哪一个出色的人在错误地判断自己的天赋时能够逃脱平庸的命运。所以我们每个人不要因为自己在某一方面表现得有些迟钝就对自己失去了希望，就变得自卑消沉，我们要忽视自己的迟钝面而努力去发现自己其他方面的天赋。"

事实上，绝大部分人并不清楚自己的天赋在哪里。通过不断地尝试和摸索，有的人能找准自己的优势，有的人依然处于迷路状态。

> **EQ 情商课堂**
> - 每一位销售员都有自己的优势和劣势,只要能总结经验教训,领悟出扬长避短的办法,就能取得好业绩。
> - 如果不能坚持在逆境中挣扎,销售员就无法从实践中看清自己的优势和劣势,也就无从提高自身素质。
> - 从不知所措到扬长避短需要一个艰苦磨炼的过程,缺乏自省精神的低情商者坚持不到最后。

上述金牌销售员最初也没有察觉自身优势,反而受困于自己的迟钝面。好在他们拥有超乎常人的情商,没有在挫折的重压下放弃,而是一路拼搏并一路思考。总结经验教训是一种很有效的成长方法。读书百遍不如自己做一遍。真正去做了,才能找到理论与现实之间的差异,从而进一步找出相应的对策。

遗憾的是,许多销售新手的情商不够高,既不能坚持在逆境中挣扎,也没有认真地总结经验教训。所以,他们要么早早地被顾客淘汰出局,要么在错误的道路上执迷不悟。这就是看不清自己优势和劣势带来的恶果。

第5堂课

没有足够的好感度，情感回报就不足半数

凡是受顾客喜欢的销售员，都有一些利于培养好感度的优良习惯。但最根本的因素是有一颗把顾客当朋友对待的心。高情商的销售员总是以平等的姿态待人，不把顾客捧成"上帝"，也不会因为顾客使用竞争对手的产品而摆臭脸。他们会找出顾客与自己的共同点，让消费氛围变得轻松愉快。这使得顾客对销售员的好感度不断增加，消费欲望也随之上升，从而带动销售业绩的增长。

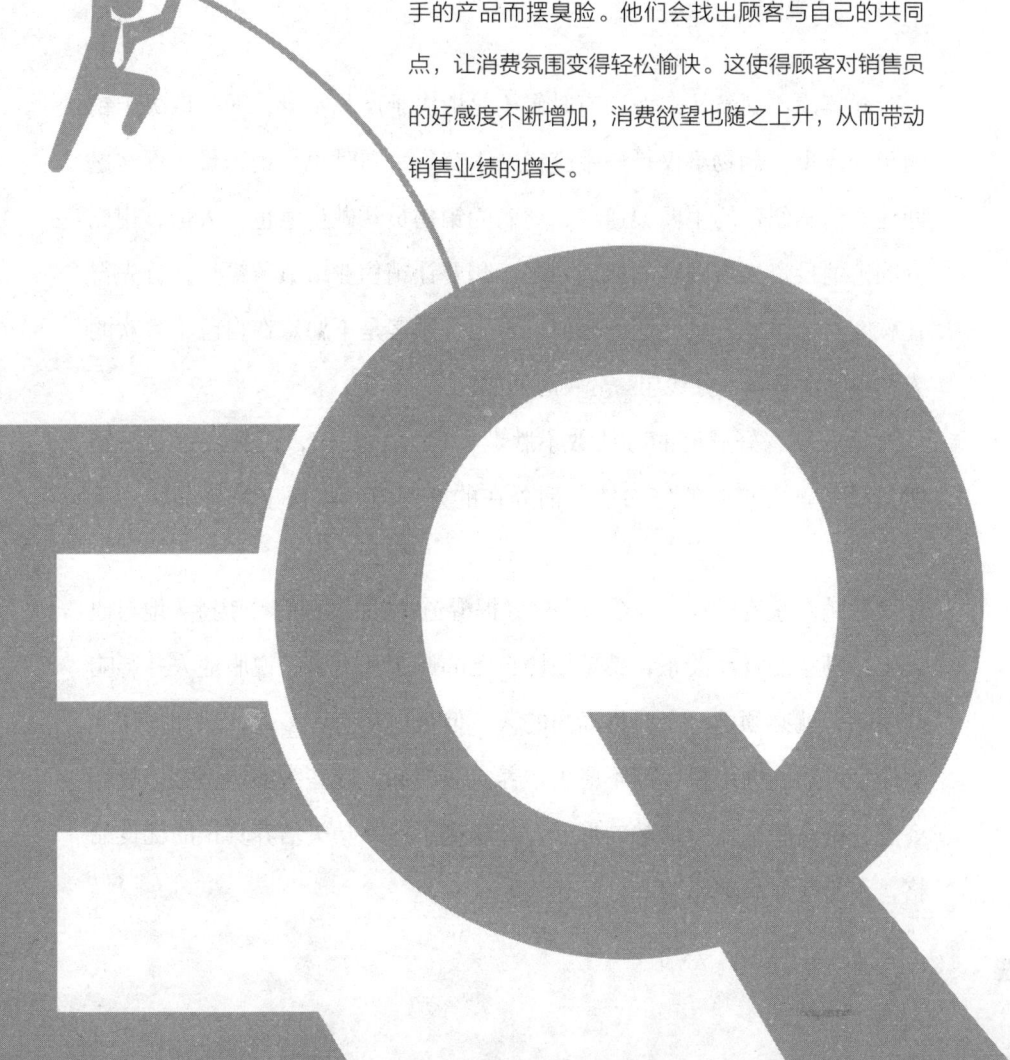

让顾客喜欢的黄金好习惯

顾客愿不愿意买东西,有时候不是取决于产品本身,而是取决于销售员的表现。购物不仅是一手交钱一手交货,同时也是销售员与顾客之间建立情感纽带的主要渠道。高情商的销售员既做生意也做人情,用充分的感情投资换取顾客的情感回报。想要让销售业绩节节飙升,首先得让顾客对自己的好感度达到峰值。否则,顾客是不愿意在自己不喜欢的人和事物上多花一分钱与一分钟时间的。

培养顾客好感度的办法数不胜数,但万法归一,说到底都要求销售员具备顾客喜欢的好习惯。而外在的好习惯,本质上是好品格的具体表现。

营销专家奥里森·马登博士曾经提醒道:"如果我们希望持久地与他人维持满意的互动关系,希望按照自己的愿望和需求,说服他人并影响其生活,就必须做一个品格高尚的人。但当前却有许多人,只知一味地塑造良好的表面形象,而不愿去培养实质内涵。有些人虚情假意,故作姿态,拼命塑造值得信赖的形象,却丝毫不愿下功夫培养真正的优良品格,实在是舍本逐末。"

马登博士批评的虚情假意、故作姿态的人，恰好是不少人眼中的高情商人士。这一类人表面上有着良好的形象，待人接物既热情又圆滑，怎么看怎么觉得可以信任。遗憾的是，他们骨子里并不真诚，当你无利可图时，他们就很可能暴露出自己趋炎附势的真实嘴脸。

因此，奥里森·马登博士严肃地指出："这种人以为只要照顾好外表，就可以不在乎实质，这种想法只会使我们倒退。若要表现出值得信赖的形象，最简单、最持久、最可靠的办法，便是让自己真正值得信赖。所以，培养道德品格，发展出真正的好品质，才是获得真正成功的条件。"

那么，真正的好品质具体会反映在哪些方面呢？对于顾客来说，销售员的哪些好习惯足以体现出其所拥有的好品质呢？

1. 保持仪表整洁的意识，是顾客欣赏的好习惯

虽说世界上有衣冠楚楚的恶棍，也有不修边幅的奇人，但销售员并不需要特立独行，保持良好的仪表才能让对方感受到你作为专业人士的修养。顾客在交易过程中不仅会挑剔产品的档次，也会考察销售员的档次。如果你的仪容仪表不整洁或搭配不合理，就会在顾客心中掉价，顾客对你的好感度自然也就上不来。

此外，如果你的衣着打扮不修边幅，脑子里那根弦也会松下来，毫无紧迫感与认真感。懒懒散散的样子，任谁也不会看着顺眼。当你保持整洁的仪表时，会不自觉地让自己的举止变得优雅从容起来。因为如果不这样做的话，你心里会觉得很别扭。注意根据场合的不同来选择衣着打扮，展现符合作为销售员角色特点的个性交际风采，将会让顾客对你产生尊重与钦佩。

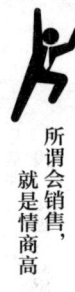

2. 文明优雅的举止，可以让顾客给你打很高的印象分

奥里森·马登博士说："一个人自己的行为举止与别人对他的尊敬息息相关，在管理支配他人时，它常常比内在的、实质性的品性具有更大的作用。热情友好、彬彬有礼的言谈举止会使人通身舒畅。在这种友好的交往中，成功往往就会到来。也就是说，亲切友好的行为举止会有助于成功。与此相反，不良的行为举止、粗鲁庸俗的言语只会使人顿生厌恶之感。这样一来，什么生意、交易都做不成。"

有些销售员由于文化水平不高或本身性格、思想局限等原因，总是在顾客面前说粗俗的话，讲不雅的事。他们自以为是接地气，能与人打成一片。实际上，顾客心里早已烦透，只是碍于面子不想发飙罢了。这种低情商的言行举止会让销售员在不知不觉中被许多顾客默默拉入黑名单。所以，高情商的销售员总是努力提升文明优雅的言行举止，以便增加顾客的好感度。

3. 谦逊和蔼的品格，能为销售员广结好人缘

具有谦逊品格的人在心理上达到了一种平衡状态，能让对方感到高贵而不是自卑。站在销售员的立场来看，让顾客保持好心情就是自己的使命之一。多数顾客容易感到失落，产生消极情绪。销售员在他们面前恰当地展现谦逊的品格时，顾客就能获得其所渴望的优越感。故而谦逊的人不容易被他人排斥，反而更容易被社会接纳。世界上的金牌销售员几乎人人都能对顾客保持谦逊的态度，哪怕他们功成名就时，依然以平等的姿态对待所有的顾客。

不过，需要注意的是，谦逊也存在一个度的问题。马登博士说："在

这个现实的世界，好的道德与才能，如果没有人知道，并不能得到好的回报。过度的谦逊不仅是在欺骗自己，也是在欺骗别人，更是对自己能力的诋毁。所以，谦逊与适度的自我肯定相结合，才是一个人获得成功的重要途径。"

4. 善良的品行，会让顾客发自内心地喜欢你

奥里森·马登博士感慨道："人性最大的弱点之一就是误会他人，妄断他人，对别人有过多的指责和猜忌。我们要知道，只有善待他人，才能得到他人的尊敬。要看到别人的长处，给别人以帮助和鼓励，自己并不损失什么，反而会有收获。"

销售不是做慈善，但销售员应该向顾客释放出最大的善意。这是世界上最有利的感情投资。谁也不喜欢活在恶意当中，顾客购买产品本来就是以支付一定的金钱利益为代价的。假如他们在交易过程中感受到了恶意，就会断然放弃购买。当销售员用善意来抚慰顾客时，双方将建立诚挚的友情。这样才能让交易生生不息，让合作地久天长。

> **EQ 情 商 课 堂**
>
> ⊙ 高情商的销售员既做生意又做人情，用充分的感情投资换取顾客的情感回报。
> ⊙ 销售员应当用整洁的仪表与优雅得体的举止来赢得顾客的好感，并以谦逊的态度满足他们的自尊心。
> ⊙ 销售员的善意是最好的感情投资，也是最令顾客心动的黄金习惯。

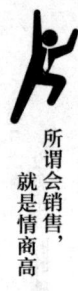

找出你和顾客的共同点，让交流变得更愉快

宇宙中的星辰既有引力也有斥力，最终当这些力的作用达到平衡时便形成相应的轨道。人际交往关系同样也存在引力与斥力。我们希望与某人结为好友，就是因为其具有很强的人格吸引力。而那些你巴不得老死不相往来的人，都是由于你们之间的人格斥力超过了引力造成的。

销售员与顾客之间的往来，也遵循着引力与斥力的规律。高情商者会不断增加引力，抵消顾客对推销行为与生俱来的斥力。低情商者则不然，他们的引力太弱，无法抵消顾客身上的斥力。甚至他们自己本身释放的斥力，也在不知不觉中把顾客推开。

由于与生俱来的自我保护本能，人们总是倾向于戒备突然闯入自己生活圈的陌生人。顾客第一次接触销售员时，也是这种情况。

销售员热情地介绍产品时，顾客不一定会把注意力放在产品上，而是先琢磨销售员会不会坑自己。这种抗拒心理会促使顾客倾向于拒绝交易。他们随时会抓住你言辞中的不严谨，以此为由打消你继续推销的念头。几乎每一位销售新手都吃过顾客的闭门羹，然后资深销售员却能轻易搞定这些看起来很不好说话的顾客。

一成一败，区别只在于跟目标客户聊不聊得来。

在这个个性张扬的时代，"话不投机半句多"的现象越发明显。一群每天在朋友圈里谈天说地的朋友，见了面后反而不知道该聊点儿什么，于是各自埋头玩自己的手机……相熟的朋友尚且会一时找不到话题，首次见面的销售员与顾客就更不容易顺利沟通了。可是，想要提高顾客的好感度，唯一的办法就是交流。这就需要销售员开动脑筋，找出顾客感兴趣的话题，然后顺着这个共同点进行交流。

经验老到的销售员总会在正式拜访顾客前做好调查工作，摸清他们的兴趣爱好以及最近关注的热门消息。

顾客跟你一样，是有血有肉、有情绪、有好恶的大活人。喜欢抽更多时间做自己感兴趣的事情，也喜欢与其他人交流自己热心关注的话题。有的顾客可能在生活圈或工作圈里恰好缺少"同类项"，无法与他人分享自己在兴趣爱好上的喜怒哀乐。假如这时候有个具有共同喜好的陌生人出现，他们说不定会生出相见恨晚之心。哪怕这个陌生人是平时千防万防的销售员，顾客也会放下戒心，与之畅所欲言。他们心情一好，成交往往就水到渠成了。

所以，某些公司培训销售员的基本推销话术里会包括一些大部分客户可能感兴趣的话题。比如，让销售员熟悉体育、保健、茶叶、酒类、饮食、珠宝、理财、教育、亲子关系等领域的基本常识，以此作为与顾客海阔天空的谈资。

假如缺乏合适的谈资，一上来就直接讲产品，就会显得非常生硬，也容易与顾客形成隔阂。这是高情商的销售员都懂得避免的情况。

电视剧《一家之主》里的女主角原本是个家庭主妇，后来重返职场做了汽车销售员。她一开始完全不知道该怎样对顾客介绍产品，丈夫帮

所谓会销售，就是情商高

着分析不同顾客对汽车的关注点差异，才让她稍微找到了一点儿方向。后来，她代表公司与一位当红大明星谈业务。为了能与客户聊得来，她花了几天时间把那位明星拍过的电影和电视剧全部看了一遍。正式谈判时，她用点评影视作品的方式让大明星顿时刮目相看，一举赢得了他的好感。于是，这笔大单生意就水到渠成地签下来了。

寻找共同话题的销售技巧，实际上打的是感情牌。通过激发对方分享观点的热情来带动其消费积极性。但需要注意的是，这副感情牌必须注入真诚之心才能打得好，而且还要注意把握恰当的交谈时机。

初次见面，顾客尚未信任你时，不能迫不及待地与他套近乎。热情是销售员融化顾客的法宝。但头一回见面就过于热情，只会让顾客产生更强的戒备心理。

再古道热肠的正常人也不会无缘无故把初次见面的人当成相识多年的老朋友，不分你我的自来熟。这是一种超出正常社交礼仪的行为。由此造成的效果是让顾客对陌生的销售员更加戒心十足，随时等着找机会下逐客令。

当然，如果是双方久闻其名未见其人的情况则另当别论。因为大家神交已久，对彼此有一定的了解，也能产生相应的共鸣感。就算是秉烛夜谈，也不会让当事人感到突兀。前面提到的明星虽然不认识女汽车销售员，但在与她聊起自己的作品时就跟熟人一样自在。说到底，还是因为彼此能找到共同的话题。

自来熟则不然，基本上所有人都讨厌突兀出现的自来熟。但说到底，"相见恨晚的老朋友"与"莫名其妙的自来熟"的区别就在于有没有共同的兴趣点。有共同的兴趣点就是让人忍不住举杯痛饮的老朋友，没有就是令人反感的自来熟。

所以，高情商的销售员在打感情牌时会注意控制自己的热情度。刚开始的时候，不要马上不拿顾客当外人，而应该更礼貌持重一些。等聊到顾客感兴趣的话题时（基于事先调查好的情报），销售员再不断增加热情度，把谈判气氛带动起来。

当你跟顾客聊得热火朝天的时候，他就不再拿你当外人，而会视你为难得一见的朋友。大部分顾客都是感性与理性并存的。当自己的心理需求被满足后，人就会瞬间变得很感性，容易说一些煽情的话，做一些平时不敢轻易做的决定。这就是销售员促成交易的最佳时机。

最后一个值得注意的问题是，销售员应当树立长期经营观念，真心把具有相同爱好的顾客当成生活中的朋友。只有生意往来与情感联络相互加固，才能让销售事业更长久。

> **EQ 情商课堂**
>
> ⊙ 高情商者会不断增加自己的引力，抵消顾客对推销行为的排斥。
> ⊙ 顾客也是有情感、有爱好的普通人，找到共同的话题是销售员提高首次拜访成功率的重要技巧。
> ⊙ 销售员要力求成为顾客感到相见恨晚的朋友，而不能沦为没话找话的自来熟。

把顾客当朋友,而不是"上帝"

"顾客就是上帝"这句格言曾经在销售行业风靡一时。这种观念带来的影响是综合性的。一方面,销售精英在其指导下坚持提高客户服务水平,创造了五花八门的销售服务技巧;另一方面,顾客的消费者主权意识也因此增长,大家越来越重视维护自己的正当权益。当然,副作用也不是没有。某些顾客真把自己当成了"上帝",既不遵守商城的社会公德,又向销售员提出了许多不合理的要求。这就很尴尬了。

随着商品经济的不断完善,销售员和消费者都在成长。大家对彼此的关系定位也逐渐趋于理性。

买卖双方在人格上都是平等的。"顾客就是上帝"的旧观念等于是把消费者的人格无限抬高,在无形中贬低了销售员的人格。于是,不少人误以为优秀的销售员做生意就应该贬低自己,一味地哄顾客开心,还把那种做法称为"情商高"。

其实,在这个越来越尊重个性与权利的年代,销售员与顾客完全可以建立一种更平等、更健康、更有人情味的关系。说白了，就是把顾客当朋友来善待，而不是将其捧为"上帝"。

我们的亲戚朋友中都不缺少从事销售行业的人。只不过，你与他们首先是朋友，然后才是顾客与销售员。通常而言，朋友关系比买卖关系结下的情感更为深厚，关系也能保持更久。假如销售员能把自己的主要客户都变成长期的朋友，他们将获得稳定的利润来源。

当然，销售员再怎么够朋友，都是把业绩放在第一位的，不可能为了友情牺牲业绩。但是，当你把顾客当朋友看待时，就会注意到很多纯买卖关系所忽略的细节。这些细节问题往往会聚沙成塔，最终阻碍销售的进展。

当销售员不把顾客当朋友时，容易陷入以下3个误区。

1. 竭泽而渔，过分伤害顾客的权益

销售业绩的增长潜力主要取决于目标客户的消费能力。顾客的消费能力与消费热情并不总是一致。比如"月光族"的消费热情很高，但消费能力有限，所以才经常把自己搞得生活拮据。某些无良销售员会利用顾客不自量力的消费热情来疯狂榨取他们的金钱，根本不在乎他们是否会因此背上沉重的债务。所以，那些高情商的销售员会像劝导朋友一样提醒顾客要理性消费，以便保持足够的消费能力，细水长流。

2. 忽视顾客真正的需要

正如奥里森·马登在《伟大的励志书》中所说："今天，成千上万的销售员在人行道上奔波，他们疲惫不堪，垂头丧气，徒劳往返。为什么呢？因为他们总是只想自己所想，他们并没有意识到别人有时候并不

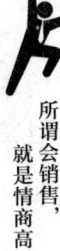

想买任何东西。每个人都一如既往地对解决自己的问题感兴趣。如果销售员们表明他们的服务或商品将如何为顾客解决问题的话，他们就不必向顾客兜售了，顾客自己会去买的。因为顾客们喜欢感到他们是在买东西——而不是被卖东西。"

现在的顾客有较强的消费者主权意识，希望自己的选择权在购买过程中得到充分的尊重。具体而言，他们希望销售员不要总是来推销自己不感兴趣的东西。如果销售员愿意倾听顾客的实际需求，他们则乐于下更多的订单。

3. 不重视对人脉关系的长期经营

一般顾客的消费能力虽然有限，但日积月累，也能达到相当可观的交易规模。但实现这点的前提是，顾客对你和你推荐的产品抱有极高的好感度，不会投向你的竞争对手的怀抱。这就需要销售员与老主顾们培养长期的、深厚的交情。因为顾客在很大程度上是根据销售员的友好程度来挑产品的。给朋友卖人情、帮衬生意，也是很多消费者乐意做的事情。反之，当销售员只想着做一次性生意的话，顾客根本没有动力去成为你的回头客。

假如销售员存在上述3个误区，基本上可以判断他的情商不够高，不会讨人喜欢。同样是花钱，我为什么不能把钱付给看起来更顺眼的人呢？大部分消费者都会这么想。这种"任性"消费行为的背后是一种对高情商行为的正面反馈。

优秀的销售员没有哪个不重视与客户共建和睦的人际关系。因为他们很清楚，与顾客做朋友是一场感情投资。这种特殊的投资会让销售员树立良好的人格品牌，吸引顾客朋友们支持他的工作。销售员的感情投资越努力，顾客的情感回报就越给力。

毫不夸张地说，能否对广大顾客保持友善的态度，是衡量一位销售员情商水平高低的主要标尺。

要知道，并不是每一位顾客都会正面回应你的善意，也会有少数不尊重人的冷漠家伙。但大多数顾客还是懂得"投我以桃，报之以李"的。

正如奥里森·马登博士所说："最重要的是，友善待人保持了自尊和自信。你有可能误会了某人，他们可能并不是愚笨的人，记住要设身处地地为他们着想。如果你自己不友善，那你与他们就没什么区别了。不要因为那5%的情况而使自己变得冷漠。你对别人友善，别人会待你以真诚。友善待人并不意味着消极被动。友善就是友善，它包括友好、热心、文雅，它并不要你过于使自己适合别人，以至于没有人知道你所在的立场。相反你更应该采取一种明确的、坚定的立场，但可以用一种和蔼的方式去表达它。"

尽管当代的销售员不必再把顾客当成"上帝"来侍奉，但将他们视为朋友是很必要的销售之道。不会交朋友的销售员，生意不可能好到哪里去。这是被无数实践结果反复证明的销售法则。

> **EQ 情商课堂**
>
> ⊙ "顾客是上帝"的理念没有将销售员与顾客放在平等的位置上。
>
> ⊙ 销售员应当学会把顾客当成朋友，用充足的"感情投资"来赢得他们的"感情回报"。
>
> ⊙ 坚持友善待人的立场，是高情商的销售员取得成功的一条重要经验。

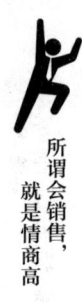

善待老客户，现有客户才是最好的潜在客户

从某种意义上来说，客户资源的规模决定了销售员的身价。所以，开拓更多的潜在客户，扩大手头掌握的客户资源，是每一位销售员都跃跃欲试的目标。尤其是新手销售员，为了积累自己稳定的客户群体，拼命提高自己在周围人心中的好感度。当他们完成客户资源的原始积累后，销售业绩就会实现一个质的飞跃。

那么，问题来了，销售员接下来应该继续开拓新的潜在客户，还是应该把注意力用在服务老客户身上？

也就是说，销售员与客户之间的交情应该强化到什么程度才好？是不是客户成为公司产品的老用户之后，只维持最低限度的联络就可以了？

如果真的这么做，将是一种非常短视的低情商行为。因为销售员与客户从买卖关系到生意上的伙伴，情感纽带是在不断加深的。假如双方仅限于单纯的买卖关系，该客户就不可能转化为公司产品的忠实用户。其剩余的消费潜力就有可能被别的公司及其产品吸走。这对销售员来说无疑是一种资源浪费。

善待现有的老客户不仅是在打感情牌，也是一种高效率的销售技巧。

金牌销售员的精力与时间也是有限的，一生中能开拓和维系的客户资源不会超过太大的规模。他们消耗在潜在客户身上的精力与时间越多，用于维护老客户的资源也就越少。如何在新老客户之间取得更合理的资源分配比例，对销售员是一个很大的考验。

有些低情商的销售员完全把心思放在潜在客户上，冷落了现有客户，从而造成老客户大量流失。新的利润源尚未控制在手，已有利润源又纷纷流失，销售业绩下滑则是一定的。

据营销专家研究表明：开发一个新客户的成本大致相当于维护一个老客户成本的2~6倍。你在新客户身上投入的全部成本，足够维护已有的2~6个老客户。换句话说，销售员在同等付出的情况下，可以从现有的老客户那里获得的盈利是新开发客户的2~6倍。

出现这种现象也不奇怪。试想，销售员与老客户已经相互熟识，非常了解客户的各种需求。老客户一有需求了，只要跟信得过的销售员打个招呼，就能很快得到最新产品名单及优惠政策。而销售员由于已经在现有客户群体中树立了良好的商业信誉，推销新上市产品的阻力也会非常小。成熟的营销渠道与双边互信机制，自然能让销售任务以最低的阻力完成。

但开发新的潜在客户就比这复杂多了。销售员对潜在客户很陌生，并不了解其消费需求与消费能力。这就需要销售员花大量精力去沟通，说服潜在客户接受本公司的产品与服务。与陌生人建立信任关系，本来就是一件很费神、费力的事儿。商务谈判失败的风险非常高。销售成本自然也就比较高了。直到潜在客户转化为现有客户后，销售员才能把这些成本降下来。

如果说挖掘潜在客户是"开源"，那么减少现有客户的流失就是"节流"。按照我们的直观感受，"开源"是利润之本，"节流"是利润之末。前者应该比后者重要多了。但现实情况与大家的直觉判断并不一致。

> **EQ 情商课堂**
>
> ⊙ 高情商的销售员不会因为开拓新的潜在客户而忽略对老客户的维护。
> ⊙ 开发一个新客户的成本是维护一个现有客户的2~6倍。
> ⊙ 当客户流失率减少到5%~10%的时候，就能为公司带来高达75%的额外利润增长。

美国前IBM全球服务和客户价值管理咨询总裁哈维·汤普森先生指出：当客户流失率减少到5%~10%的时候，就能为公司带来高达75%的额外利润增长。也就是说，减少现有客户的流失比大规模开拓新的潜在客户，更能有效促进销售利润的增长。

这是因为现有客户资源已经成为公司收入的主要来源，双方是一损俱损、一荣俱荣的命运共同体。倘若现有客户大量流失，公司就相当于动脉大出血。同时，结合新老客户开发成本的差异来看，这个结果同样在情理之中。

此外，老客户作为回头客，需求量大，会反复消费。这就会给销售员带来很多订单。新客户好不容易才小心翼翼地购买一款产品，老客户则会爽快地采购一系列的产品。因为老客户信得过企业的品牌，故而消费作风更为豪迈、大胆。这是仍对产品和销售员抱着半信半疑态度的新客户所无法比拟的。

由此可见，比起开发新的潜在客户，销售员与现有的老客户加强合作关系，是一个更加高效且省力的提高业绩的办法。尤其是在企业资源有限的情况下，销售员与其从潜在客户群体中寻觅新的潜力股，不如把现有的优质老客户挽留下来。

第6堂课

传播积极影响,顾客才会心甘情愿地掏钱包

销售员最根本的任务是把产品和服务的相关信息传播给顾客,让他们产生购买欲望。从这个意义上说,销售展示的是销售活动中最重要的环节。销售员的产品展示是否具有感染力,决定了顾客愿不愿意下单消费。感染力看似与情商无关,实则不然。顾客的消费热情离不开交易环境的氛围。销售员的使命就是千方百计地营造让顾客感到舒服的氛围,通过传播积极的影响来引导他们消费。

所谓会销售，就是情商高

销售展示第一利器——感染力

同样的一件产品，有的销售员费尽千辛万苦也卖不出去，有的销售员却总能迅速出售完毕。造成这个局面的直接原因是销售员的能力存在差异。进一步说，那些业绩突出的销售员在展示产品时有一种能打动顾客内心的感染力。通过他们的展示，顾客不仅对产品有了充分的了解，还产生了更高的消费热情。而那些业绩惨淡的销售员总是无法做到这一点。所以，双方的销售业绩很容易拉开差距。

感染力并不是虚无缥缈的东西，而是销售员在展示产品时塑造的一种整体形象。

推销大师伯恩·崔西在《销售心理学》中指出："对你的客户而言，你的产品或服务的价值，多达80%隐含在你的展示质量上。如果你的销售展示很随便，不着边际，客户会认为你的产品或服务缺乏吸引力，不值得购买。如果你的销售展示干脆利落、结构清晰，并且一步一步进行得很有逻辑，客户会认为你的产品、服务以及你的公司也同样秩序良好、具有高效率。一个专业的销售展示可以大大增加人们对你所售产品的价值评估，并同时减少价格带来的阻力。"

从这段话中不难发现，顾客的购买行为在很大程度上取决于销售员的展示水平。出色的销售展示应当具备简洁明快、条理分明等特征，除此之外，还要注意合理地把握时机。世界级推销大师马里奥·欧霍文就是一个精通销售展示之道的人。

马里奥·欧霍文认为给顾客打电话是销售成功的关键一环。因为很多顾客并不愿意跟销售员见面，接电话时总是再三找借口推脱。如果能说服他们出来见面，就有希望通过销售展示来赢得他们的好感。

为此，他在打电话前总是先把准备说的话列在一张纸上，并将对方可能使用的拒绝理由也写下来，准备好说辞，稳定心情，然后面带微笑地与顾客通话。通话时语气和善、彬彬有礼，但同时也要理直气壮，不要觉得自己在冒昧打扰。

有一回，马里奥·欧霍文打电话约一位顾客见面。顾客先后以"对不起，我没时间""我现在没空""这个……我没兴趣"为理由回绝。但他没有放弃，而是在表示理解对方的同时，不断地旁敲侧击约时间。最终顾客松口了，说："好吧！不过，我想你可能要白跑一趟，因为我没有钱。"马里奥·欧霍文再次表示理解，并承诺愿意帮对方想办法用最少的资金创造最大的利润，顺势将约见时间定在了星期二下午。

到了正式拜访顾客时，马里奥·欧霍文却没有直接向对方推销产品，而是简单地说了一下这款产品对人有什么好处。后来双方再没谈产品相关的事情，并且聊得非常愉快。第二次见面时，他才正式向那位顾客推介产品，结果对方没犹豫，当时就签约了。

马里奥·欧霍文不在第一次会面中推销产品，体现出了他的老到之处。在他看来，跟那些对产品不感兴趣的顾客头一回见面时，并不是最

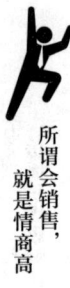

好的推销时机。急于求成反倒容易引起对方反感。他总是力求在与顾客用电话通话时，就给人留下一个值得信赖和充满热情的好印象。

简明扼要的自我介绍，然后话锋一转说明来意，只要约定了面谈时间就马上结束谈话，以免因占据顾客太多时间而令其生厌。

销售员的自我展示并不是从介绍产品开始，最初的会面接触就是一个至关重要的展示机会。马里奥·欧霍文要求自己以挺直的身躯来表现自信的态度，向顾客微笑着迎面走来。为了让行动显得更加快速利落，他建议把手头上的东西一开始就找地方放好，伸着双手迎向顾客，友善而有力地与之握手。通过握手的短暂瞬间来让对方感受自己的决心，同时以亲切的微笑、洪亮清晰的声音和坚定的目光来塑造自己的感染力。

马里奥·欧霍文用双手去握顾客的手时，还幽默地说："我得亲自体会一下握住一双成功的手是什么滋味！"听到这句开场白时，顾客通常会喜笑颜开。在接下来的正式谈话中，马里奥·欧霍文并不主张开门见山地谈生意。他认为："远离生意上的主题时间越长，就越能建立起私人的亲密关系，也就越能引起客户的浓厚兴趣。"这也是一种以迂为直的销售展示思路。

良好的销售展示离不开引导话题。马里奥·欧霍文一方面在引导话题时充分展示自己丰富的知识，通过提供一些崭新的信息或知识增强顾客对自己的好印象，另一方面又注意把话题引到顾客能插话的范围，保持双向互动。

这一点非常重要，因为顾客既希望能从你这里听到更多令人耳目一新的信息，又不希望你像说单口相声一样过分卖弄自己的博学多才。许多销售员在这方面显得情商不足，从而在销售展示过程中给顾客留下不好的印象。

马里奥·欧霍文在引导话题时，往往会设法让对方多讲，自己少说，以便让顾客敞开心胸，吐露更多自己可以利用的信息。

总之，他在销售展示中全方面地调动正面因素，积极捕捉并利用一切对自己有利的东西，从而向顾客传达了无与伦比的感染力，赢得了大量订单。

马里奥·欧霍文认为："优秀的推销员善于使消极状态转化成活跃状态。只要踏入客户房间，他就会散发出自信风华，就会建立起客户的信任与好感，而信任与好感正是业务往来的前提，能让客户对你油然而生一种期望。在与客户接触的时候，给对方留下良好的第一印象，生意就成功大半了。会谈时，不要对客户曲意奉承，也不要对自身的缺点加以掩饰。"

由此可见，高情商的销售员的一切销售展示技巧，都围绕着增强感染力这个核心目标。通过感染力打动顾客的心，让他们对你产生更多的期待。这便是金牌销售员总能让不同的顾客很快接受产品的根本原因。

EQ 情商课堂

⊙ 顾客是否愿意购买产品，80%的因素来自于销售员的销售展示水平。

⊙ 同样的产品，可能因为糟糕的销售展示而滞销。

⊙ 销售展示的核心是利用一切因素来营造打动顾客内心的感染力。

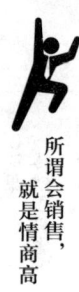

想让顾客承认你,就先满足他们的被尊重感

赢得顾客的认可是促成交易的前提。但很多销售员还没走到这一步就已经被顾客在心里默默地拉入黑名单了。他们往往把失败归结为自己的情商不够高,这是个准确的判断。但是他们觉得自己情商低的表现是不会奉承他人,这种理解就不正确了。

国际销售专家奥里森·马登博士在《品格与个性的力量》中论述道:"生活中有这样一种人,他们专嗜揣测他人的意图,逢迎他人的喜好,以使自己做出讨人喜欢之举。当然,这种人不值得效仿,但有一点对世人应有所启发:他们为何要逢迎他人?无非是有人喜欢他们如此。所以,在人际交往中,我们不要忽视这一点,即满足他人的兴趣。不能只顾自己的喜乐爱好,想怎么着就怎么着。一旦你的兴趣与他人产生冲突时,就会给你们的交往设置一种障碍,造成一种难以克服的劣势。"

在销售过程中,你遇到的大部分顾客都不会跟你恰好有共同的兴趣爱好,也不会生出相见恨晚的快感。但你依然可以也应该去满足对方的兴趣,让他们充分感受到自己被尊重了。这样一来,顾客对你的好感度也会随之增加，交易阻力将会变得很小。

那么阿谀逢迎者是冲着销售业绩去讨好顾客的，高情商的销售员也是为了多签订单而讨好顾客的。两者都是顺应他人的喜好来说话、做事，究竟有何区别？

其实，两者的区别很大，阿谀逢迎者内心并不真正尊重顾客，只是表面上对其讨好。而高情商者不只是在表面上满足顾客的被尊重感，在心里也怀着对他们的礼敬。前者只是表面功夫，总有一天会被拆穿，名声扫地。后者表里如一，能持之以恒，故而能"守得云开见月明"。

世界十大杰出销售员之一的齐格·齐格勒非常善于接近顾客，让对方在交流中放下戒心，对自己产生信任。

齐格·齐格勒说："在很多时候，你与客户交谈中，不妨先与对方聊聊家常，让顾客了解你的背景和生活情形，以减轻其防御心理，使彼此的交谈气氛更为融洽。而你也可以从对方的谈话中捕捉到对你推销有利的信息，让顾客对你产生信任。聊聊自己的私事，这也是产品销售的最好方法之一。"他在多年的销售生涯中也是这么做的。

在介绍产品时，齐格·齐格勒不让顾客按照常规礼仪称呼自己为"先生"，而是主动要求对方直呼自己的名字。当然，他还是恭恭敬敬地称呼对方为"先生"。这种谦逊的姿态让顾客在礼节上高了一等，充分满足了其被尊重的精神需要。这会让顾客觉得此人不是来推销产品，而是来交朋友的。

在接下来的谈话中，齐格·齐格勒也不直接告诉对方这款主推产品有哪些价值。他的销售展示思路是告诉对方为什么其他顾客愿意购买这

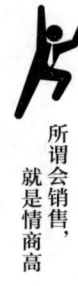

款产品。

　　这种委婉的推销方式，要点在于分散顾客对产品的天然抗拒心理，减少他们对销售员的排斥感。因为顾客认真回想的话就会发现，齐格·齐格勒一直没说什么促销之语，自己听到的都是其他人的购买理由。话锋不直接针对自己，所以顾客就不会产生紧张情绪。

　　齐格·齐格勒在交谈中始终观察对方的状态，等顾客对自己完全认可的时候，问一句："如果你想买，当然很好，相反的，如果你不想买……"通常，他说出这句话以后，顾客都会爽快地表示出购物意向。

　　这句带有询问色彩的话，比"请你买下这东西，好吗"更能赢得顾客的好感。前一句从语气上表达出一种征求意见的姿态。大部分顾客都讨厌被销售员催促得太紧，那样会让他们感到失去了自主选择权，从而加剧抗拒心理。齐格·齐格勒深谙此道，所以采取这种特殊的句式，表现出对顾客的购买决定权的充分尊重。

　　此外，这个句式比直接询问对方是否有购买意愿要好。因为"如果你想买，当然很好"明确而直接地表达了你的主张，于是顾客的情绪就被引导到一个更积极的状态。温吞水式地询问态度，无法刺激顾客的行动力。他们多半会用"让我考虑考虑吧"来搪塞销售员。

　　当然，齐格·齐格勒同时指出：运用这个句式的要诀是一气呵成地说完整句话，不给对方留下打断发言的余地。否则的话，顾客无法感受到你的坚定态度，也不会顺着你的意思回复。这个细节做不好，前面的各种铺垫就功亏一篑了。

　　销售员对顾客的尊重应当始终如一，不要在顾客同意购买后就变得松懈轻浮。

故而齐格·齐格勒总是在结束推销之前对顾客说："也许你会认为我是为了推销而说，但我仍然要告诉你，不论你是否购买我的商品，对我来说，你是我遇见的顾客中最好的一个。因此，我很乐意为你效劳，你使我的工作变得轻松有趣。"

需要注意的是，这句话在销售结束后就显得缺乏诚意。但如果在顾客做出决定前一刻表达出来，将会让他们得到的尊重感达到峰值，从而激发其消费热情。

销售就是要拼情商，拼情商的实质就是争取顾客的好感。从这个意义上说，一名销售员的情商高不高，主要表现在他是否懂得尊重和体谅顾客。假如能做到这一点，顾客就能充分认可你，并回报你的诚意。

柴田和子在《我是日本销售女神》中指出："我认为要想获得保险推销的成功，必须要善解人意、体谅他人，也就是练达人情。我会尽量地为对方考虑。如果我约了人，我会严格遵守时间，即使是自己的秘书，我也绝对不让他多等候我一分钟。浪费别人的时间等于谋财害命。我宁愿让自己在严寒或酷热的条件下等待别人，也不愿让别人受热或受冻。"

> **EQ 情商课堂**
>
> ⊙ 每一位顾客都有被尊重的精神需求，如果这种需求得不到充分满足，他们不会对销售员及其推销的产品有好感。
> ⊙ 阿谀逢迎者只是表面上讨好顾客，而高情商者则从内心到言行都尊重顾客。
> ⊙ 销售员应当尊重顾客的自主选择权，但要用巧妙的手法让顾客对自己产生好感，引导他们做出对销售有利的决定。

由此可见，高情商的销售员总是会用最体谅顾客的方式来服务，满足他们被尊重和被关爱的精神需求，与之成为互惠互利的朋友。那些仅仅为了提升个人业绩而逢迎顾客的溜须拍马者，根本做不到这一点。所以，他们只能超过平庸的销售员，但无法与高情商的金牌销售员竞争。

承认产品的局限性,用诚信赢得顾客的信赖

对顾客来说,产品与销售者的形象并不是分离的。在他们的潜意识里,销售者可靠等于产品可靠,反过来,产品经得起考验说明销售者也同样靠谱。为了促成交易,销售者要在顾客面前树立自己和产品的正面的形象。但怎样树立正面形象却非常有讲究。

竭尽所能地把好的一面展现给顾客,固然是最基本的办法。但人本身具有多面性与复杂性,不可能只有优点。产品也是一样,再精益求精的好东西,认真找还是能找出一些不足的。假如只是一味地给产品说好话,说得越天花乱坠,顾客越是容易怀疑你在"王婆卖瓜,自卖自夸"。当销售员把话说得太满时,一旦产品被较真的顾客挑出毛病,正面形象顿时就会土崩瓦解。

有经验的销售员深知此理,会反其道而行之,主动向消费者坦承产品存在某些局限性,避免他们以过高的期望值与更严苛的标准来看待产品。这样一来,顾客就会对产品的不足有更大的宽容度,同时还会觉得销售员是个实事求是的可靠之人。

汤姆·霍普金斯以房地产销售出道,他并不像普通的销售员那样竭

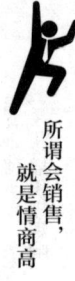

力掩盖产品的缺陷，反而提倡正面对待这些问题。

他说："任何商品都存在一些缺陷，这些缺陷对你的推销存在着诸多不利的因素，多数时候，它是你推销失败的罪魁祸首。其实，当你在推销一件商品的时候，如果能很好地利用这些不利因素，你就能将失败扭转为成功。"

想当年，汤姆·霍普金斯所在的房地产公司刚刚在美国洛杉矶市的西北部开发了一片拥有20间房子的新住宅区。这些房子定价在17 950～19 950美元之间。没想到的是，这片住宅区过了几年后也仅仅卖出了2间房屋。

原因倒是不复杂。在距离剩下的未出售的18间房屋32千米的地方有铁路，每天有3个车次经过此地，火车经过的噪音对环境舒适度有一定影响。

汤姆·霍普金斯闻讯后写了好几封信给开发商，主动请缨担任这18间房屋的销售员。但开发商却一直表示："我没有兴趣与一名住宅房屋的推销员合作出售这批房屋。"

但过了几个月后，他再与开发商约定时间讨论此事时，开发商已经对此感到焦头烂额。束手无策的开发商对汤姆·霍普金斯抱怨道："你一定是想让我降价出售这批房屋。这便是你们这些房屋推销员的惯用伎俩。"

谁知汤姆·霍普金斯摇摇头说："不，恰恰相反。我建议你提高这一批房屋的售价。这样一来，我就能在这个月结束之前把剩下的房子全部卖出去了。"

开发商对此深表怀疑。毕竟，这18间房屋已经有两年半无人问津了，现在有人说一个月内能全部出售，岂不是天方夜谭？接下来，汤姆·霍普金斯向开发商提出了一个出人意料的方案。

按照常例，每当一名房屋经纪商开放一间待售房屋时，人们便可在任何时间前往参观。但是汤姆·霍普金斯打算另辟蹊径，一批一批地展示这些房屋，而且还特意选择火车驶过的时间点展示。

原本房子卖不出去就是因为顾客嫌一天3次的火车噪音太吵，普通销售员巴不得能找到掩盖这个缺点的办法。汤普·霍普金斯提供的推销方案反而主动暴露这批房屋最大的缺点，让开发商听得一头雾水。

汤姆·霍普金斯的完整计划如下：

每天早上10点和下午3点准时开放房屋，让来看房子的顾客参观。这个做法将引起大家的好奇心。所有正在展示的房屋前面挂上一个写着"这间房子有非凡之处。敬请参观！"的牌子。然后，把每间房屋的售价增加20美元，用这笔钱给每户人家买一台彩色电视机。（在那个年代，大部分美国家庭只有黑白电视机，彩色电视机是稀罕物。）

经过耐心的解释，开发商同意了这个前所未见的推销计划，真的购进了18台彩色电视机。

每当参观时间开始后的5~7分钟，就会有火车隆隆驶过。汤姆·霍普金斯只有在火车到来之前的短短几分钟时间对顾客们进行推销。他先让顾客们静下来听听房屋里有什么声音，有顾客回答只听到冷气的声音。汤姆·霍普金斯顺势指出：如果不特意提出来，大家不会注意到冷气的噪音，因为大家已经习惯了，不觉得它会给我们带来困扰。

紧接着，汤姆·霍普金斯又带着顾客们到客厅，指着那台彩色电视机说："开发商知道你们不得不适应火车噪音。所以他把这台漂亮的彩色电视机赠送给你们。我要告诉诸位，火车一天经过这里3次，每次90秒。也就是说，一天24小时里只有四分半钟的时间会有火车。你们是否愿意

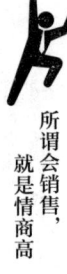

忍受这短短几分钟的小噪音直到习惯它,然后换得住在这间有一台最新彩色电视机的美丽房屋的机会呢?"

通过这种独具创意的推销方式,这18间房屋在3个星期内全部售出,汤姆·霍普金斯也兑现了对开发商的承诺。

汤姆·霍普金斯的推销方法并不掩饰房屋天然的缺点。但他通过赠送彩色电视机这个优惠政策提升了房屋的附加值,又通过分析和对比让顾客意识到火车噪音并非不能适应,而且与房屋的总价值相比不值一提。于是,顾客权衡利弊后决定忽略这个产品缺陷。

事后,汤姆·霍普金斯总结道:"在推销的过程中,如果推销员忽略了商品的缺陷,那只是让他的推销工作更加艰难。因此,永远不要把产品的缺陷当作一项秘密。因为这是一种欺骗行为,也许客户已经知道这个缺陷,但你在介绍的时候并没有明说,对方会认为你在有意隐瞒,势必导致你的信誉丧失。所以,在客户对你提出任何问题之前,你要对每一个主要的不利点做好心理准备,将缺点当着客户的面提出,从而将其转化成优点。"

再好的产品也总有一两个缺点。低情商的销售员拼命掩盖产品的缺陷,导致顾客产生不信任感。而高情商的销售员则不然,会如实地

EQ 情商课堂

⊙ 在顾客眼中,销售者可靠等于产品可靠,反过来说,产品经得起考验说明销售者也同样靠谱。

⊙ 任何产品都存在缺点,刻意掩盖的话,一旦被顾客发现,销售员的形象将大打折扣。

⊙ 高情商的销售员不会为了掩盖产品缺点而撒谎,但会用更巧妙的办法让顾客忽略产品的不足。

向顾客阐释产品的不足之处，但会通过优惠政策和对比分析来改变顾客的利益判断。这种做法不仅给顾客留下了诚实可信的印象，也能让他们更好地认识到产品的优点。

把顾客逗笑,销售才能顺利

销售大师原一平生得一副五短身材,样貌也不帅气,但顾客第一次见到他时就会产生莫名的亲切感。这是因为原一平练就了号称"价值百万的微笑"。他的微笑如同婴儿一般天真无邪,令顾客顿时充满了愉快感,乐于敞开心扉。再加上原一平诙谐幽默的销售话术,很少有顾客不被他的魅力折服。

这便是笑容与幽默的力量,即销售员传递给顾客的最好的积极影响。

奥里森·马登在《伟大的励志书》中说道:"幽默是思想、学识、智慧和灵感在语言运用中的结晶,是一瞬间闪现的光彩夺目的火花。幽默是自觉运用表面的滑稽逗笑方式,以严肃的态度对待生活中的事物和整个世界。幽默是具有智慧、教养和道德上优越感的表现。幽默感是人的高尚气质和文明睿智的体现。"

幽默在销售谈判过程中能起到以下作用。

1. 促进交流

陌生人之间的首次会面往往一时不知该说什么话题,因为彼此都不清楚对方的兴趣点。这时候，销售员如果用众人皆知的某件事来说笑，大家哈哈一乐，距离感很快就拉近了。接下来无论谈论什么内容，都能自然而然地交流。

2. 化解尴尬

销售员在拜访客户时可能会遇到一些尴尬的局面。有时候是销售员自己出糗，有时候则是顾客那边出现了令人难堪的情况。假如双方都感到尴尬，是不会有心情继续讨论产品或服务等问题的。老练的销售员会选择用一句幽默的话把令人感到难堪的事情轻轻带过，让大家从中解脱，回归平常的对话。

3. 巧妙讽谏

有些顾客性格比较冲动，做事心浮气躁，一触就跳。有些顾客刚愎自用，经常自作聪明。有些顾客反复无常，总是不遵守约定。销售员不可能次次都能遇到通情达理的顾客，与上述缺点各异的顾客打交道，也是日常工作之一。他们的缺点往往会影响销售进展，但销售员不能对他们破口大骂，否则会激化矛盾。若是用幽默的比喻来讽谏，给顾客一个台阶下，他们会意识到自己的不足，感到不好意思。这样一来，销售员做销售工作就顺利多了。

4. 打动人心

世界级推销大师马里奥·欧霍文说："没有哪个客户能在刚交谈时就判断出一位推销员在专业方面的优劣，可是，他的态度是否能得'人心'是立见分晓的！因为要给客户制造第一印象只有一次机会，是没有

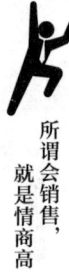

第二次机会的。"销售员制造良好的第一印象的最佳手段就是幽默。索然无味的销售展示只会让顾客感到厌倦,提不起对产品或服务的兴趣。倘若销售员用幽默生动的语言来做销售展示,顾客会感到眼前一亮,顿时有了兴致,做购买决策时也会更为大胆。

由此可见,如果销售员能想办法把顾客逗笑,销售将变得一帆风顺。

销售培训师汤姆·霍普金斯主张在客户面前保持幽默感,不要让顾客感到这个人严肃得难以接近。微笑和幽默对销售员而言是有很大助益的形象塑造工具。

有一回,汤姆·霍普金斯拜访一位客户,却发现交谈氛围单调乏味,令人感到压抑。于是他灵机一动,假装用鼻子去嗅客户桌子上的花朵,然后故意让花刺扎了一下自己的额头。他一面摸着额头,一面嚷道:"我真是幸运极了!"

客户被这个突发情况搞得一头雾水,急忙问原因。汤姆·霍普金斯说:"因为我的额头被刺扎了一下。"

客户不解地问:"这不是很倒霉么,为什么你还说是幸运呢?"

汤姆·霍普金斯答道:"因为幸亏扎的只是我的额头,而不是眼睛。"

说完这句话,他与客户都笑了,于是谈判氛围一下子轻松了许多,双方的沟通更加愉快,订单也签得爽快。

心理学家西德尼·乔纳德发现:一个人的生活是否幸福,85%的因素取决于能否与他人开心相处；而一个人生活中的不幸与困难，85%的原因在于跟其他人相处得不愉快。

这个研究成果对我们的销售工作颇有启迪。如果你仔细观察身边的销售员就会发现，那些性格乐观而诙谐的人往往能让顾客喜笑颜开，签单的成功率也比那些板着脸的销售员更高。假如接待你的销售员摆着一副好像你欠了他五百万似的苦大仇深脸，你说不了几句话就想远远躲开他。这样的生意能谈成才是咄咄怪事。

柴田和子说过："行销是一种双向、互动、完整的商品销售活动，是一个科学的、能动的系统。在这个系统中，业务员是主动的一方，客户是被动的但却是起决定作用的一方，业务员、客户双方的心理、行为对销售活动的完成至关重要。业务员的活动实际上是一种复合行为：既有自己的主动行为，也有针对客户并受客户影响的活动。所以，一次完整的商品销售的过程，与其说是推销商品，不如说是对双方活动的规划与管理。"

因此，作为主动的一方，销售员应该养成乐观幽默的性格，在销售话术中增加趣味，以便给顾客带来快乐。这也算是一种销售心理战术。

不过，需要强调的是，幽默不等于哗众取宠。幽默是以尊重顾客的利益为前提的，站在顾客的角度来开玩笑，让对方感受到你的真诚与热情。哗众取宠本质上是一种轻浮的举动，把快乐建立在嘲讽他人的痛苦之上，心中充满了对对方的蔑视，

> **EQ 情商课堂**
>
> ⊙ 幽默的语言可以化解尴尬的场面，打动顾客的心灵，让谈判变得更为顺利。
> ⊙ 我们生活的幸福程度有85%的因素取决于跟他人相处的快乐程度。
> ⊙ 幽默不等于哗众取宠，高情商的销售员应当谨慎分辨。

毫无真诚可言。

幽默是通过引发顾客内心的共鸣来让人发笑。哗众取宠则相当于生硬地咯吱对方的胳肢窝，强迫对方发笑。两者的愉悦感根本不可相提并论。作为高情商的销售员，一定要避免在销售过程中哗众取宠，否则顾客会认为你是个轻浮低俗之辈，不值得信赖。

第7堂课 ▶
告别胆怯犹豫，让销售不再无疾而终

犹豫不决的处事行为缺乏魄力，容易错失良机。很多人本身能力出色，但在关键时刻总是由于胆怯而掉链子。这也是情商有待提高的表现之一。不少销售员存在缺乏魄力的问题，在向顾客介绍产品时往往不够自信。顾客在购买产品前总是会询问相关信息，假如销售员回答得支支吾吾、模棱两可，顾客只会怀疑这款产品是不是不够好。

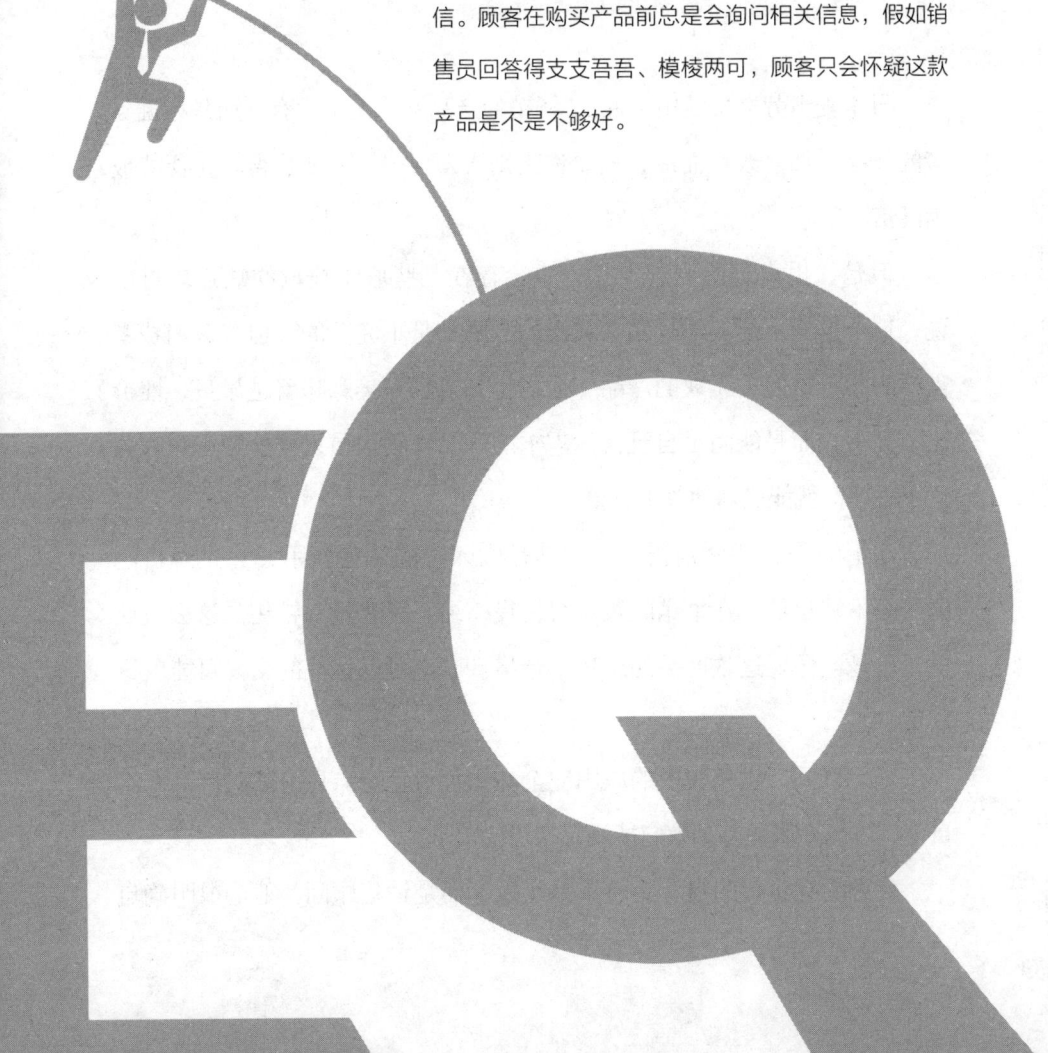

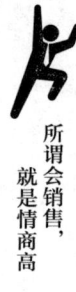

你对产品自信，顾客才能打消疑虑

日本麦当劳之父藤田田说："畅销的产品并非无中生有，而是挖掘身旁的物品，加以改良而成；只要你比别人发现得早，变化得巧，便能成为巨富。"

但是，再卓越的名牌产品，也会存在某些瑕不掩瑜的缺点。可以说，这个世界上绝大部分销售员卖的产品都是不完美的。但多数消费者需要的并不是完美无缺的产品（他们也知道越完美意味着越昂贵，性价比不高），而是能满足自己具体需求的产品。销售员只要能顺应顾客的这个心理，就能成功地签下订单。

遗憾的是，部分销售员，尤其是刚入行的销售新手，总是对自己的产品不够自信，在推销时表现得畏畏缩缩。顾客看到销售员这么没底气，于是就怀疑这款产品的质量不合格。原本可以达成的交易可能就这样黄了。

毫无疑问，销售失败的原因完全在销售员自身。只有你对产品充满自信，才能说服顾客相信它能满足自己的需求。

优秀的销售员的自我定位不是小贩，而是销售顾问。他们很明确自己必须是产品或服务的专家。为了达到这个目标,他们会花很多时间去研究相关的产品或服务,熟悉每一个细节,并且了解竞争对手的状况。唯有这样,销售员才能清楚地知道自己推销的东西有哪些好处与不足。由于他们有丰富的产品知识,在谈话中会让顾客感受到他们的自信。顾客也会因此对产品产生信心。

因此,自信对销售员来说非常重要。缺乏自信的人不可能把事情办好,哪怕他原本有很大的潜力。

美国人寿保险创始人、著名演讲家弗兰克·贝特格出身贫寒,童年命运多舛,因此养成了自卑的性格。由于伤病,他没能继续完成自己做职业棒球运动员的梦想,回老家费城谋生,做了人寿保险推销员。

谁知他在长达十个月的时间内居然没有拉到一个客户。每次辛苦外出奔波,最终都是空手而归。这段漫长而黯淡的日子,几乎把弗兰克·贝特格最后一点自信也消耗殆尽。他渐渐对保险销售工作失去了信心,于是每天把时间花在买报纸搜索招聘信息上。他一度想改行做船员,但一想到自己无论做什么都失败了,就对未来的前途毫无奋斗的信心。

一次意外的邀请,改变了他的人生。那一天,弗兰克·贝特格被邀请参加一个名为"清洁语言、清洁电话、清洁体育活动"的演讲会。这个演讲会要求每一位参与者登台演讲。弗兰克·贝特格缺乏在大庭广众之下演讲的勇气,于是报名参加了一个公开演讲培训班。

培训班的老师表示,培训课程已经过半了,但弗兰克·贝特格坚持要参加。于是那位老师笑着说:"好吧!下一个演讲就由你来。"弗兰克·贝特格当时紧张得连一句"你好"都说不出来,但还是坚持参加了培训以及每周的例会。

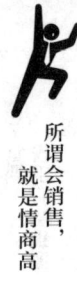

有一天，弗兰克·贝特格好不容易结束发言，想回到位置上坐下，就被老师叫住了。

老师指出他的演讲缺乏力量，没有激情，所以没有人会感兴趣。为了让弗兰克·贝特格明白什么叫"激情"，老师先用慷慨激昂而富有感染力的话语做讲解，讲到激动处，忽然举起旁边的椅子使劲往地上摔，力量大得弄断了椅子的一条腿。

这个场面震撼了弗兰克·贝特格。他从此暗下决心继续从事保险销售员的工作，用激情和努力来改变自己的生活。两个月后，他做了一次长达一个半小时的演讲，轻松自如地在大庭广众之下讲述个人经历。演讲非常成功，二三十个听众在结束后主动跑上来与他握手。

这次经历让弗兰克·贝特格收获了自信，从此告别了那个胆怯犹豫的自己。从此以后，他在销售中不但充满激情，还能大胆地表达出自己的想法，甚至敢于用惊人之举来促成销售。

就在演讲的第二天，他以"不速之客"的身份去拜访一位粮食经销商。为了让对方感受到自己的激情，他用力敲打桌子。本以为客户会诧异地询问缘由，没想到对方只是静静地看着他不说话。弗兰克·贝特格发现，客户一直坐姿端正、睁大眼睛用心聆听，除了几个提问外，从不打断他的发言。最终，弗兰克说服了这位客户买保险，两个人还成了一生的挚友。

从那天起，弗兰克·贝特格的销售越做越顺手，成为美国人寿保险史上的杰出人物。而当初那位让他学会激情与自信的演讲培训老师不是别人，正是赫赫有名的成功学大师戴尔·卡耐基。

从结果来看，弗兰克·贝特格能成为金牌销售员，说明他本身具备做销售的天赋。他之所以长达十个月颗粒无收，根本原因是受困于低情商。自信是成就一切事业的基石。高情商的销售员最初可能也像弗兰克·贝特格那样胆怯自卑，但他们最终会突破自我束缚，向顾客展示自己自信满满的一面。

当顾客认为保费太高时，柴田和子总是会说："公司的建议书里有（更低的保费），但在我为您设计的这份建议书里没有更低的保费。"这句话的潜台词是：她为顾客设计的方案已经是最佳方案。柴田和子之所以这样说，是因为拥有"这个保险是客户最需要的，也是最有利的"的信念。这份自信往往能让顾客感到放心，不再有疑虑。

奥里森·马登博士指出："当你准备实现一项个人目标时，你会很自然地问自己：'怎样才能确保成功？'答案就是，你永远不能百分之百地肯定自己能成功。你也许还会问自己：'我怎样确切知道自己会失败？'事实是，生活中没有确定的事情。失败和成功都是你脑子里存在的思想，你选择的那一个将占上风并起决定作用。"

高情商人士同样害怕失败，但他们对成功的渴望最终会压倒对失败的恐惧，让自己变得自信起来。面对不确定的未来，弗兰克·贝特格经历了十个月的彻底失败后，在脑子里选择了"成功"。那么，你呢？

> **EQ 情商课堂**
>
> - 顾客通常是通过销售员的表现来判断产品好坏的，销售员缺乏自信的话，会让顾客对产品失去信任。
> - 失败的销售员最大的问题不在于缺乏销售技巧，而在于胆怯犹疑，对自己没有信心。
> - 高情商者同样害怕失败，但他们更渴望成功，并为此努力战胜自己的恐惧。

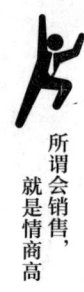

树立"马上行动"的观念,让对方来不及迟疑

销售工作充满了变数,既需要长时间软磨硬泡的持久力,又需要争分夺秒的紧迫感。如果没有前者,销售员会被困难压垮,提前与胜利擦肩而过。如果没有后者,原本可以拿下的订单也可能会横生枝节。很多销售员都曾经遭遇过顾客在最后关头临时变卦的惨痛教训。

金牌销售员的一条宝贵经验就是"马上行动,马上行动,马上行动"。只要顾客对你的销售展示感到满意,就力争马上跟他签订合同,以免生变。

对顾客来说,越早得到自己心仪的产品或服务越好。但是,顾客并不只有一种选择。销售员多次拜访的顾客,很可能同时接触过其他的销售员。为了拿下订单,各路销售员都会全力施展手段,不断对顾客施加影响,促使他们做出对自己最有利的决策。当你为顾客带来让他满意的一系列优惠政策时,你的竞争对手完全有可能开出更优惠的条件来动摇顾客的决心。

只要一天不签合同,顾客就一直拥有重新做选择的可能性。如果你自己不能迅速而果断地促成交易,他们就可能转而采纳其他销售员提出的方案。结果煮熟的鸭子就这样不翼而飞了。

遗憾的是，不少销售员的作风胆怯犹豫，没有迅速做决定的魄力。他们为说服顾客而感到高兴的同时，也会过分担忧签下订单后带来的风险。他们不急于马上跟顾客签订合同，而是拖一拖，等一等，看看情况再说。从根本上说，这还是因为销售员不够自信，对成功缺乏强烈的渴望。

营销大师奥里森·马登感慨道："许许多多的人害怕做决定。他们不敢承担责任，因为他们害怕承担自己做出的决定的后果。他们担心，如果今天他们做出决定，明天或许会有更好的选择，他们会因此而后悔当初的选择。这种习惯性的左右摇摆，彻底毁掉了他们的自信心，他们不相信自己能够承担重要的决策。他们不敢做什么决定，这种致命的弱点毁坏了他们天生的聪明才智。"

比如，美国人寿保险创始人弗兰克·贝特格曾经就有这个毛病。他自幼过得辛苦，自卑情结让他不敢大胆追逐胜利，事到临头往往比较犹疑。

这种心理弱点进一步剥夺了他的好运。在整整十个月时间里连一个订单都没拿到。他一度想改行做船员，却又因为担心一事无成而没有行动。哪怕是后来让他改变命运的演讲培训课，也是他在被邀请去参加演讲后才报名参加的。

《伟大的励志书》中说道："能够迅速做出决定的人从不怕犯错误。不管他们犯过多少错误，但与那些懦夫和犹豫不决的人相比，他仍旧是个领导者。那些人因为惧怕犯错误而不敢挪动脚步。那些害怕变化和风险，总是等待着情况确定后再做决定的人，那些站在小溪边，直到人们把他推下水去才肯游泳的人，永远不会到达胜利的彼岸。"

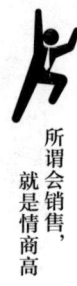

毫无疑问，这样的人若是没有外力推一把，自己很难下决心往前走。相比之下，另一位销售大师汤姆·霍普金斯在类似的处境中的表现就非常值得赞赏。

他18岁进入房地产销售行业时，也有长达六个月的穷困潦倒阶段。无论怎么做，就是不成功。然而，天性乐观的他并未因此而怀疑自己是否适合做销售。汤姆·霍普金斯有一句在美国销售行业广为人知的名言——我从来不把失败看成失败，而只是我方向上需要调整的一些反馈，是开发我幽默感的一个良机，是练习技巧和提高能力的一种机遇，是一场必须要赢的游戏。

在人生的最低谷，汤姆·霍普金斯做了一个大胆的决定。他把自己最后一点儿积蓄全部用来报名参加激励大师金克拉开设的为期5天的培训课。结果，他在5天的培训中学到了许多知识，开阔了眼界，此后又自己主动钻研心理学、公关学、市场学等理论，结合现代观念锻炼推销技巧，终于大获成功。

作为一位高情商的销售员，行动力是促成交易、防止顾客突然变卦的最佳手段。尽管顾客不止有一种选择，但那是在他们签合同之前。一旦签订了合同，哪怕他们看到自认为更优惠的产品或服务，也会因为不肯放弃此前在你身上投入的成本而反悔。"马上行动"的观念，可以最大限度地避免你的潜在利益的流失。

因此，美国联合保险公司的创建者和主席克莱门特·斯通建议道："通过养成正确的工作习惯，在适当的时候，你就会成为专家。然后，你就会体会到工作的快乐。工作将不再是工作，工作成了乐趣。"按照他的建议，只要牢记下面3大要素，你就会获得更快、更持续的进步。

（1）行动动力。激励你或者其他任何人采取行动的因素。你想采取行动。

（2）行动技能。始终如一给你带来成果的技巧和技能。行动技能是对知识的恰当运用。通过实际的、不断的经历，行动技能会成为一种习惯。

（3）行动知识。你关心的，与活动、服务、产品、方法、技巧和技能有关的知识。

部分销售员在即将与顾客达成协议时，会过分在意顾客的一举一动，不敢主动跟顾客提出签约要求，生怕此举会吓跑顾客。于是，他们经常在成交的关键时刻选择被动地等待，导致竞争对手乘虚而入，最终挖走自己的顾客。

所以，销售员应当树立"马上行动"的观念，让对方来不及迟疑。如果你不想让顾客因迟疑而变卦的话，自己首先就不能因迟疑而行动拖沓。倘若出手不果断的话，最后吃亏的只有你自己。

> **EQ 情商课堂**
>
> ⊙ 顾客经常会面对多个销售员的推销，谁动作快谁就能赢得订单。
> ⊙ 拖沓的作风是销售工作的大敌，当顾客有意签订单时，销售员应该尽快行动。
> ⊙ "马上行动"是获得成功的重要手段，不要因胆怯犹疑而害怕迅速做出决定。

所谓会销售，就是情商高

当顾客说"我做不了主"时，激发他们的成交热情

美国著名保险营销顾问弗兰克·贝特格说："热情是这个世界上最有价值也是最具有感染力的一种情感。一个人充满激情并不仅仅是外在的表现，它会在你的内心形成一种习惯，然后通过你的言谈举止不自觉地表现出来，从而影响他人。这种习惯有助于你摆脱怯弱心理的羁绊，走向成功的坦途。充满激情的生活只要肯坚持30天，你就会收到意想不到的效果，沉闷的生活将会变得活跃起来。"

销售是卖方与买方的双人舞。销售员用出色的销售展示来折服顾客，顾客则根据对方展示的内容来决定是否购买产品或服务。只有双方充分互动、达成共识，才能获得最终的双赢。但是，实际上不仅存在胆怯犹疑的销售员，也存在许多缺乏魄力的顾客。他们的口头禅是"我做不了主"。于是，交易进展又变得一波三折。

为此，金牌销售员通常在事前会选择那些有决定权的顾客作为推销对象，不在没有决定权的人身上浪费过多口舌。但哪怕是有决定权的顾客，同样可能存在"我做不了主"的心态。

假如顾客是某个大客户的下属代表，这样说可能是真的超出了自身授权（需要向上级请示），也可能是一种推迟决策的托词。但很多顾客并非这种特殊的角色。他们有充分的自主选择权，但不善于运用这种能力。由于自身性格犹豫不决，他们总是无法做出大胆的判断，不敢肯定自己评估的交易价值是否正确，于是就迟迟不能做自己的主。

毫无疑问，这一类顾客会给销售进展造成不小的麻烦。不仅销售员迟迟无法赢得订单，就连顾客自己也常因不敢做主的心态而损失一些应得之利。这将造成双输的局面，是任何销售员都不想看到的。

所以，帮助顾客摆脱不敢做主的心理弱点，也是高情商的销售员必做的工作之一。这可以视为一种特殊的增值服务。目的是增强顾客对形势判断的信心，激发他们最终做决定的热情。

在此之前，我们应该更深入地理解顾客那种"我做不了主"的心态。从根本上说，顾客不敢下决定的根源是缺乏坚定的判断力。

《伟大的励志书》中提到："你的判断力深深地扎根在你的个性当中，就像平静的水总是在海底的深处一样。你的判断力不应该受情感的波动、他人的建议和批评以及表面现象的干扰。这种判断力是处理任何重要的事件时所必需的。除了事实本身的真实情况以外，它不受任何其他东西的影响。有的人虽然能力出众，但却毁于这样一个小小的个性弱点，尤其是当他在其他方面的能力都很强的时候，这是人生的悲剧。今天，成千上万的人虽然在能力上出类拔萃，但却因为缺乏果断的个性而沦为平庸之辈。要知道，在任何情况下，不能信心百倍地做出自己的决断都是一个悲剧。许多人正是因为这一点而失败，而不是因为其他方面的能力而失败。"

当人做决定时，难免心里会产生动摇。越是深思熟虑的人，越是容易在做重大的决定前出现内心反复斗争的困扰。因为他们过于担心自己一时失察，从而与真正的好结果失之交臂。哪怕是再三检查、反复审核，他们还是会担心自己此刻被盲目乐观遮蔽了双眼。想赢怕输的焦虑导致顾客害怕做最后的决断，害怕承担决策失误的不良后果，便以"我做不了主"来回避决策。

这种心态往往出现在那些观念和作风保守的顾客身上。他们并非完全不了解市场的变化，也不是不知道新产品的性能远超旧产品。但他们不熟悉新生事物，对掌控新生事物缺乏信心。特别是听到某些关于新产品的负面消息时，无论这个消息是真实的还是以讹传讹，他们都会深信不疑，以此为自己不敢接纳新生事物的犹豫行为找心理安慰。

然而，随着市场的不断变化，他们所信赖的老产品与老品牌会逐渐淡出历史舞台。能满足其需求的，只有新产品和新品牌。无论他们怎样以"我做不了主"为理由拒绝销售员的建议，都不能抹杀其新需求的客观存在。

因此，销售员必须学会鼓励顾客大胆尝试新产品，并耐心地教他们怎样用新产品来改善自己的生活方式。顾客对产品的信心往往来自于销售员。你自己先做到不胆怯、不犹疑，展示出承担一切自主决定的后果的胆气，才能说服顾客大胆地为自己做主。

奥里森·马登博士曾经说过："如果你有犹豫不决的坏习惯，那么请你抖擞精神，在它耗掉你的机会之前，击败这个成功路上的敌人！不要等到明天，今天就行动起来吧！不断地试着做出果断的决定，强迫你自己实行。不管你面对的事情多么简单，都不要再犹豫。根据你目前的条件，列出各种可能的选择，从各个角度考虑和衡量，调动你的常识和最敏锐的判断力，迅速做出决定。一旦做出了决定，就不要再后悔，让它成为最终的决定。不要再改变主意，不要再考虑，不要再重新拿出来讨论。要坚定,要迅捷。大声地向人们宣布,一切都已经决定了。"

这段话为我们介绍了一个很实用的方法。即只要进入销售的最后阶段,就立即行动起来,把收尾工作果断结束掉。当自己对某事感到犹豫时,就强迫自己在最短的时间内做出决定。当我们把各种担忧丢到一边,只从最主要的事情入手来看问题,也许就会发现心中早已有了明确的取舍。只不过不敢肯定自己的判断罢了。所以,加快决策节奏是提高行动力的重要途径。

当然,在做最终决定前,把目前各种可能的选择全部列出来,进行最后的总结和分析。许多犹豫不决的人虽然心里装着各种各样的顾虑,但他们对全面梳理所有顾虑这件事也一拖再拖,不愿直接面对。所以,他们总是感觉做最终决定的条件不成熟,进而认为"我做不了主"。

销售员面对犹豫不决的顾客时,应该主动拿出魄力来。用坚定的态度与迅捷的行动来鼓励顾客相信自己心中的判断,大胆做最终的决定。唯有抱着决定以后就"落子无悔"的决心,销售员与顾客才能避免在反复犹豫中错过成交机会,给彼此带来不必要的利益损失。

> **EQ 情商课堂**
>
> - 除了销售员自身的胆怯犹疑外,顾客不敢做主的心态也是阻碍交易成功的一大拦路虎。
> - "我做不了主"的消极心态,本质上是对自己判断力缺乏信心所致。
> - 高情商的销售员会努力想办法增强顾客对个人判断的信心,激发他们做最终决定的热情。

牢记风险意识，但不可畏首畏尾

高情商的金牌销售员拓展业务时，不仅着眼于卖产品，还会通过微观市场的变化来捕捉宏观市场的潜在商机。原一平不惜一切代价向董事长提出开拓大公司高层管理者保险业务，就是基于对市场需求的超前判断。

李嘉诚曾经说过："每一个新生事物的出现都是一个商机。"然而，并不是每个位居高层的企业家都能够意识到这一点。销售员作为一线工作人员，离市场最近，对市场的细微变化也最为敏感。曾经有不少销售员就是凭借着出色的市场洞察力，大胆冒险开拓新领域的新业务，从而取得杰出的成就的。

美国金融家、慈善家、企业家、曾经的财政部长安德鲁·梅隆是一个为了抓住机会而大胆冒险的勇敢者。不同于一般的商界人士，安德鲁·梅隆性格十分安静，甚至有些孤僻、冷漠，完全不像大家印象中热情开朗的生意人。但他在经营银行时，以过人的眼光与胆识把握住了两个划时代的绝佳商机，留下了投资界的两段佳话。

故事一：3个无名小卒与一块银蜡色金属

1889年的某一天，3位没有名气的年轻人前来拜访安德鲁·梅隆。他们欠了银行4 000美元的贷款，无力偿还，请求安德鲁·梅隆施以援手，并希望得到资助。3位年轻人敢提这个要求是因为他们掌握了一项全新的技术，用电解的方式来生成铝。

在此之前，铝的冶炼工艺非常复杂，导致其价格在相当长一段时间内超过了黄金。电解铝技术的发明使得铝的制造大大简化，铝的价格也迅速下跌，各式各样的铝制品充斥了我们今天的生活。但在当时，普通人并不熟悉只有少数贵族才能用的铝。这些年轻人的技术没有得到赏识。他们听说安德鲁·梅隆擅长投资，于是就来碰碰运气。

3位年轻人赌赢了。安德鲁·梅隆果然察觉到今后铝制品将大行其道，不仅替他们偿还了4 000美元的债务，还出资帮助他们创办了匹兹堡电解铝公司（梅隆占有60%的股份）。没过几年，这家公司就垄断了整个北美的铝生产业务。

故事二：资助爱迪生的老同事

爱德华特·艾奇逊曾经在发明大王爱迪生身边工作长达10年，他自己也是一位杰出的发明家。爱德华特·艾奇逊在1891年将黏土和焦炭混合后放在一个铁钵中，企图用电弧将碳转化为金刚石，结果意外地制造出了一个不同于天然金刚石的六方形晶体。1895年，他找到安德鲁·梅隆，请求对方资助自己研制这种新型晶体材料。安德鲁·梅隆虽然不知道这个后来被称为"金刚砂"的新材料有何价值，但直觉告诉他，这笔买卖不会亏。于是他出资赞助爱德华特·艾奇逊，并取得了一部分股份。后来"金刚砂"产业兴起，安德鲁·梅隆又一次与客户迎来双赢。

奥里森·马登博士在《品格与性格的力量》一书中援引了以上两个案例。他还指出："对于个人发展来说，冒险则成为通向强者的必由之路。在很多情况下，强者之所以成为强者，就是因为他们敢为别人不敢为的……你可以做个实验，想想你犯过的一项错误，然后把从中得来的教训详列出来。千万别放弃犯错的权力，否则你便会失去学习新事物以及在人生道路上前进的能力。你要牢记，追求完美心理的背后隐藏着恐惧。"

销售行业充满了变数，你可能因此身价百万，也可能因此一贫如洗。许多销售新手入行几个月都卖不出一件产品。销售技巧的不成熟是次要原因，最主要的原因就是胆怯和犹疑。

不敢跟客户多讲话，没有勇气报价和讨价还价。被客户拒绝了几次，就觉得自己肯定卖不掉产品。发现可能成为潜在客户的人时，又觉得自己花费再多力气也是徒劳。于是就不再拼命开拓业务。

因工作受挫而胆怯犹疑，因胆怯犹疑而销售受阻，恶性循环累加的结果只能是一而再再而三的失败。想要突出重围，唯一的路径就是大胆开拓业务，在失败中总结教训，然后才能反败为胜。

有些销售员缺乏冒险出击的魄力，并不是因为天生性格胆小，而是由于太过追求完美。按理说，没有追求完美的精神，金牌销售员就难以坚持完善自己，成就更大的辉煌。问题是，完美主义情结虽然能成为销售员不断前进的动力，但也能成为束缚他们翅膀的绳索。

美国的D.伯恩斯教授以工作效果同情绪健康之间的关系为研究方向。他曾经做过一项调查，对150位年收入1万～15万的销售员提出一组问题。调查结果显示，其中40%的销售员有明显的完美主义倾向，他们承受的压力超过另外60%的人，但并没有任何证据可以证明完美主义者的收入比其他非完美主义者更高。

伯恩斯教授分析道:"追求完美的人由于经常遭遇到挫折和压力,因此可能降低他们的创造能力和工作效果。"

也就是说,事事追求完美的销售员把自己逼迫得太狠,在心里放大了对挫折的焦虑。这使得他们背负的压力越来越大,更加难以充分施展自己原本的销售才能。

一位向伯恩斯教授求助的女大学生自己总结了完美主义心态的六大弊端:"第一,它令我神经非常紧张,以致有时连普通成绩都拿不到。第二,我往往不愿冒险犯错,而那些错误是创造过程中所必然发生的。第三,我不敢尝试新的东西。第四,我对自己诸多苛求,令生活失去了乐趣。第五,由于总是发现有些东西未臻完美,因此我根本不能松弛下来。第六,我变得不能容忍别人,结果别人认为我是个吹毛求疵者。"

由此可见,越是用完美主义心态逼迫自己进步,销售员就越难以真正取得进步。这也是这类人情商有待提高的表现之一。

奥里森·马登博士对这类人给出了一个颇有指导意义的提醒。他说:"对于比较复杂的事情,在决断之前需要从各方面加以权衡和考虑,要充分调动自己的常识和知识,进行最后的判断。一旦打定主意,就决不要再更改,不再给自己回头考虑、准备后退的余地。一旦决策,就要断绝后路。只有这样做,才能养成坚决果断的习惯,既可以增强自己的自信,同时也能博得他人的信赖。有了这种习惯后,在最初的时候,也许会时常做出错误的决策,但由此获得的自信等种种卓越品质,足以弥补错误决策带来的损失。"

就事而论,高情商的销售员也或多或少有一些完美主义心理。若非如此,他们不会以强大的毅力去完成自己心中的宏伟目标。但与此

同时，他们也懂得保持内心的平衡，不让过分苛求完美的想法打消自己大胆出击的勇气。

商场如战场，过于冒进突前会输得血本无归，但过于追求完美无缺，则会使你变得越来越胆怯犹疑。如何在冒险与稳健中取得平衡，没有绝对的标准答案。只能通过销售员自己在反复实践中总结出来。而踏上这条需要大胆尝试的销售之路，本身也需要更多的自我激励。想成功，就不要逃避。

EQ 情商课堂

- 销售员不能只满足于卖产品，还应该学会观察微观市场的动向，预判未来哪些产品会热卖，以便未雨绸缪。
- 销售员应当具备良好的风险意识，躲过市场中的陷阱，但面对潜在的商机不能畏首畏尾。
- 过度的完美主义情结会让人变得胆怯犹疑，反而可能错失一些重要机遇，让你的事业变得更加不"完美"。

第8堂课 ▶

言出必行，在每一个执行细节中展现诚意

对自己的言行负责是高情商者的基本素质。作为销售员，有责任心、有担当也是一个不可或缺的"销售技巧"。销售是一个顾客与产品品牌互相建立信任关系的过程。假如销售员在销售工作中不认真负责，顾客对该品牌的印象就会大打折扣。所以高情商的销售员会在每一个细节上表达自己的诚意，建立良好的商业信誉，从而吸引更多的顾客光临。

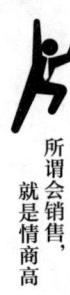
所谓会销售，
就是情商高

把信誉放在销售工作的第一位

商业道德，诚信第一。而在销售员的职业操守中，也以信誉为首要为人处事原则。遗憾的是，这种观念并不被所有的销售员所接受。有些自以为聪明的销售员认为讲信用的是傻子，会哄人才能让顾客多付钱。他们总是忽略一个事实——市场经济依靠契约精神来维持。这种契约精神不只体现在公司合同中，还应该贯彻在销售员的一言一行里。

假如顾客不守信用，销售员卖出东西后就拿不到回款。假如销售员不守信用，顾客就会被假冒伪劣产品骗走很多钱。市场交易中充满了欺骗行为，但这些都是法律与道德禁止的做法。一位优秀的销售员不会为了一时的蝇头小利而坑骗顾客。因为这样做只会让公司的信誉扫地，以后自己很难再卖出产品。

所以，把信誉放在销售工作的第一位，不仅是销售员出于情怀的坚持，也是一种有助于长期交易的远见。

虽然市场中的产品种类繁多，销售政策也在不断变化，但世界上总有一些东西是不变的，比如，销售产品在很大程度上是在卖"信用"。顾客相信产品的价值，才会愿意下订单，而销售员最主要的任务就是说服顾客相信自己的产品能满足他们的生活需求。从这个意义上说，销售员的信用力代表着产品及其背后的公司的信用力。公司品牌的商誉就是靠一个个销售员的诚信积累出来的。

正因为如此，销售员才应该坚决唾弃那些欺诈行为，用合理、合情、合法的销售技巧来堂堂正正地赢得顾客，而不能见利忘义，砸了自己的人格品牌。

站在顾客的角度来看，销售员违背自己的承诺是一件不能容忍的坏事。《销售圣经》指出："客户在从你这里购买之前，他对于你是独立的，他可以喜欢你也可以不喜欢你，可以接纳你也可以离开你。但是，一旦他做出了购买决定，并给你钱购买你的产品或服务的时候，这个客户就被拴住了。他现在完全依赖你去实现你在销售演讲中所说的那些承诺，完全依赖于你快速地送货，完全依赖于你的安装、维修、保修等。"

老实说，顾客并不喜欢过于依赖他人。那样意味着自己可能失去主导权。但现在的产品和服务越来越复杂化，而且更新换代的速度越来越快。连销售员都不能熟记各类产品和服务的细节知识，何况是消费者呢？

由于大部分顾客没法靠自己评估产品和服务的可靠性，就只能先相信销售员了。假如销售员给出的承诺不兑现，他们就会非常失望。下一次交易时，这些顾客就会因为过去的不愉快经历而对所有的销售员都抱有怀疑态度，迟迟不愿做购买决定。想要说服他们重新接受产品或服务，将变得困难重重。

信任是一种稀缺品，销售员与顾客构建信任的过程本就充满艰辛，但一个微不足道的小偏差就可以轻易摧毁双方好不容易形成的信任关

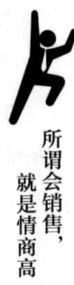

系。因此,优秀的销售员无不在这个问题上慎之又慎,把塑造诚信形象视为一项重要的修炼课程。

博恩·崔西主张销售员从7个方面进行自我潜能开发。其中,有一项潜能开发,他如是说道:"诚实是客户做长期购买时寻求的最重要的品质。最优秀的销售员对自己所做所说的每件事情都完全诚实,他们永远不会把自己认为对客户不好的产品或服务推荐给客户。客户也清楚地知道这一点。信任是所有关系的基础,而正直是信任的表现形式。优秀的销售员和客户有着良好的关系,以致客户购买产品时甚至不问价钱。因为客户知道,这个价钱一定是公平合理的,否则这个销售员是不会向他介绍这宗买卖的。正直对于建立自信是非常关键的。你对待自己和周围的人很真实,你的感觉也会非常好。"

销售工作高度依赖人际关系,而人际关系是以信任为纽带构建的。诚实的销售员无论做什么决定,都会考虑到其对个人信誉的影响。假如该决定会伤害自己的诚信形象,他们宁可自己吃亏也要放弃交易。

正如博恩·崔西所说,最优秀的销售员总是本着对顾客的生命财产安全负责的态度来进行交易。假如他们发现产品或服务存在危害顾客的隐患,就会马上叫停。

尽管这可能会影响他们在短期内的销售业绩,但从长远来看反而更加划算。因为根据调查,销售行业中成绩最突出的那10%的销售员,无不以建立及维持与顾客的长期关系为落脚点。而保持长期关系的唯一方式就是"一诺千金"的诚信。

很多人把诚信理解为遵守约定。这只是诚信的外在形式,其本质是一种互惠互利机制。双方为了各取所需而达成协议,然后按照这个互惠互利的协议来相处,努力满足彼此的需求,避免不必要的纠纷。诚信意味着有序与和睦，能省略买卖双方用于钩心斗角的精力。因此，信誉越好的公司，越能借助品牌的力量吸引更多客户。信誉越好的销售员，也越容易得到顾客追加的订单。甚至会有热心的顾客为销售员介绍新的潜在客户，以求进一步巩固这种互惠互利的依存关系。

为了树立自己的诚信形象，销售员应该注意做到以下几点。

首先，不要轻易向顾客许下超出自身能力范围的承诺，但要竭尽全力地兑现每一个已经许下的承诺。

其次，借助第三方证明与数据调查结果来证明产品与服务的可靠性，而不能只是空口无凭地自吹自擂。

再次，如实承认产品、服务以及工作中的不足，向顾客展现自己勇于担当责任的诚信品格。

最后，顾客的每一次合理求助，销售员都应该挺身而出，积极地帮他们解决问题。

> **EQ 情商课堂**
>
> ⊙ 销售产品在很大程度上是在卖"信用"，只有顾客相信产品的价值时，才会愿意下订单。
>
> ⊙ 把信誉放在销售工作的第一位，不仅是销售员出于道德情怀的坚持，也是一种有助于长期交易的远见。
>
> ⊙ 高情商的销售员致力于构建与顾客的长期关系，维系这种互惠互利关系的纽带就是信誉。

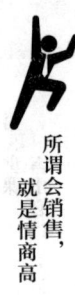
所谓会销售，就是情商高

耐心引导顾客正视自身真正的需要

消费心理学研究发现，许多消费者并不清楚自己真正的需要。即便他们心里明确想要某款名牌产品，也不一定能意识到那款产品是否真的符合自己的根本需求。有些人甚至是通过大量购物来宣泄生活压力的。然而，他们当中有的人买的东西越多，反而内心越感到空虚。说白了，就是因为自己内心真正的需要没能得到满足。

毫无疑问，他们有足够的消费能力，偏偏又不能正视自身的真正需要。能否买到让自己心动的产品，则需要一定的运气。

这时候，销售员就该挺身而出，耐心地引导他们找出自己真正想要的东西，然后出售给他们。低情商的销售员只是为了收钱而卖产品，高情商的销售员则是为了满足顾客的需求而卖产品。不能领悟到这一点，销售员就无法提升自己的境界，成为广大顾客眼中值得信赖的专业人士。

营销专家汤姆·霍普金斯在《就这样成为销售冠军》中指出："冠军销售员都知道，客户以前可能没买过同类产品——即使他们买过，也可能不是这种型号，并且也不可能那么巧就是向你的公司购买的。因此，客户对你的产品大多是缺乏认识的——这会使他们不太确定他们要做什么、说什么以及定购什么，而这些不便不利于他们做出积极的决定。有鉴于此，在整个交易过程中，冠军销售员总是乐于运用，而且也能运用善意诱导来引导客户。"

除了极少数产品发烧友外，绝大部分顾客对某些产品的了解并不多。他们通常是看着产品外观不错，价位还可以接受，就下订单了。遇到这类顾客，销售员无须花太大力气，就能完成销售目标。

这种简单干脆的交易过程看起来非常省事，销售员说得不多，顾客的异议很少，彼此都觉得很方便。但以这种方式买到的产品，往往只是满足顾客的基本需求，而不能满足其深层需求。而且，销售员也容易忽略一个问题——不清楚顾客为什么买或为什么不买。哪怕顾客一直保持着这个消费习惯，为你带来相当多的业绩，你还是不了解顾客真正的需要，只不过是在按部就班地执行流程而已。一旦顾客在某一天意识到自己真正的需要，而销售员无法及时满足时，他们就会投向其他能洞悉其深层需求的销售员。

高情商的销售员不会满足于从简单干脆的交易方式中获得业绩，而是会投入大量精力去仔细调查"顾客为什么想买"和"顾客为什么没买"。

他们的调查并非来自好奇心，而是为了更准确地把握顾客的真实需求。并非每一位顾客都了解自己应该买什么东西，但只要切中其真正的需要，必定会让他们喜出望外，释放出更多的消费热情。这个"真正的需要"通常被营销专家称为"敏感点"。

销售大师博恩·崔西在其作品《销售圣经》中提到："优秀的销售人员对于确定客户看不见的敏感点很有一套。而一旦确定了这个敏感点，他们就会在销售陈述的过程中不停地提到它。他们在销售中主张关注这个敏感点，并在结束交易的谈话中不停地提到这个敏感点。他们会询问很多关于这个敏感点的问题，并不断强调他们的产品将如何满足客户这个特别的情感需求……一旦你找对了敏感点，就将精力集中在说服他如果购买了你的产品或服务，他将'毫无疑问、绝对地'得到他一直在寻找的好处。"

也许，我们在购物时会遇到一些心血来潮的时刻。仿佛有个声音在你的脑海中呼呼你做出平时不会考虑的购买决定。实际上，这并非什么不可解释的超自然力量，很可能是某条不经意的信息唤醒了你一直浑然不觉的敏感点。

顾客的敏感点虽然千奇百怪，高度情绪化，看似难以捉摸，但也并非毫无规律可言。

销售大师博恩·崔西分析道："这个敏感点可能是一个满意的朋友或者一个和客户关系很好的人进行的推荐；也可能是这个产品是你公司立即就能提供的，而别的公司不能立即提供；也可能是产品的颜色；也可能是你对客户处境的深入了解；也可能是你在过去为其他客户解决了类似问题或帮助客户实现了类似目标的个人声誉等。"

由此可见，要准确捕捉顾客的敏感点是一项非常考验销售技巧的工作任务。不过，无论是什么样的敏感点，基本上都与顾客对地位、尊重、名望、认知、物质或精神享受的渴望息息相关。

一般情况下，顾客在购买产品前未必能准确地描述内心的具体渴望，但在使用产品后就会逐渐明白自己隐藏的想法。销售员在与顾客沟通时，应当注意其对产品的情绪化描述。这些带有某种情绪色彩的简单字句，将折射出其内心真正的需要。措辞的情绪色彩越强烈，就越能体现顾客的本心。

假如销售员以同样的话语来回应，顾客会产生共鸣感，让内心的渴望达到最高点。这也正是销售员一语道破顾客真正的需要，点燃他们消费热情的最佳时机。

最后，光是找到敏感点，还不足以打动顾客。因为他们在自己意识到这个敏感点时，会对相关产品或服务抱有一丝抵触心理。高情商的销售员应当做到3个耐心：即耐心地寻找顾客的敏感点，耐心地引导顾客意识到自己的敏感点，耐心地向顾客阐述什么样的产品或服务能满足他们的真正需要。

只要能把顾客自己都没意识到的真正需要引导出来，他们就会对销售员佩服得五体投地，进而建立长久的交易伙伴关系。

> **EQ 情商课堂**
>
> ⊙ 并不是所有的顾客都清楚自己真正的需要，他们不一定能选对符合需求的产品或服务。
>
> ⊙ 低情商的销售员只是为了收钱而卖产品，高情商的销售员则是为了满足顾客的需求而卖产品。
>
> ⊙ 弄清顾客买或不买的原因，发现他们的敏感点，可以让你的推销活动事半功倍。

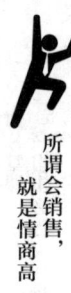

与其说一堆好话,不如帮顾客完成亲身体验

论销售展示效果,一百张说明书不如一次试用,一百句销售话术不如一次体验。许多销售员都在绞尽脑汁地增强自己的说服力,这固然是一个重要的努力方向,但优秀的销售员并不过分依赖语言的感染力。他们往往多听少说,只简要而巧妙地指出产品的亮点,然后带领顾客去亲自感知产品的使用效果。这比单纯的讲解更为生动有力。

在这种现象的背后,隐藏着深刻的社会心理因素。一直以来,人们都忽略了一个重要问题——每个人对销售活动都具备一定的抵抗力。

《销售中的心理学》一书中指出:"在商业社会中生存,一个人必须培养对销售的高度抵抗力。首先,如果除了商品能正常工作外没有什么理由值得去购买,那么对于大多数这样的信息,就应该筛选掉,并忽略。其次,他必须能够抵抗住像你这样的销售员的直销方式,否则他的下场就是:凡是提供给他的东西,他都得购买。作为一个专业人士,要懂得在首次会见客户时,一定会遇到这种一般性的对推销的抵制,并且知道如何有效应对。"

一般来说，顾客喜欢根据自己的心情和需要来选择产品或服务，然后让销售员做出详细的说明，以便决定是否购买。除此之外，他们并不希望经常看到销售员的身影。

这有点儿像还没到饭点的人，看到山珍海味也暂时没胃口。因为需求不迫切，或者说自认为没有迫切需求。这种思维机制让顾客免于无节制消费，却也给销售员带来一定的阻碍。所以，销售员的一项重要使命就是让顾客意识到自己对某个产品或服务存在隐藏需求，否则他们不会去购买。从产品使用体验入手是一种最有说服力和震撼力的推销办法。

美国科宁玻璃制品工厂曾经有一位推销安全玻璃的销售员，业绩一直保持全国第一。他的销售技巧独具一格。

这位销售员每次拜访客户时，都会问对方："你们是否见过这个世界上有一种破裂后也不会粉碎的玻璃？"只要客户表示不信，他就会从公文包里拿出自己公司生产的玻璃，放在桌子上，然后当着客户的面举起锤子砸玻璃……在亲眼看见玻璃没粉碎后，客户就会马上意识到这款产品的质量的确经得起检验，于是那位销售员就顺势拿下了订单。

这位销售员在全国性销售会议上毫无保留地把这个经验分享给其他分公司的同事。于是，科宁玻璃的所有销售员都养成了携带安全玻璃和小锤子见客户的习惯，并将砸玻璃变为标准的产品展示程序。

然而，那位销售员的全国业务冠军宝座依然无人能撼动。他在第二年的全国性销售会议中解释了理由，众人才恍然大悟。

原来，那位机智的销售员稍微改变了一下产品演示方法。他一见到顾客就问："您相信这个世界上有一种你用锤子怎么砸也砸不碎的安全玻

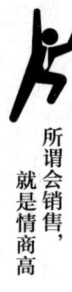

璃吗?"说罢就把自己携带的小锤子让客户亲自尝试。当客户费尽九牛二虎之力也砸不碎安全玻璃时,自然就对产品感到十分满意了。

那位销售员的做法完全建立在对产品充满信心的基础上。他相信自己砸不碎公司生产的安全玻璃,客户也无法做到这一点。只要能证明自己所言不虚,客户就能被当场折服。所以才会想出这样特立独行的销售展示方法,增强自己的说服力。从本质上说,这是充分利用了感性认识的力量。

也许你还没意识到,所有的购买决定实际上都是在感情用事。你自认为是理性的精打细算,实则是在设法将自己的原始购买动机——某种感情进行合理化包装。产品使用体验带来的感性认识,非常容易让你对旧产品"移情别恋"。

人人都有一定的喜新厌旧心理,但比起习惯的力量,喜新厌旧心态对消费决策的影响力要小得多。

博恩·崔西在《销售圣经》中指出:"习惯的力量使潜在客户继续使用他现在的产品。即使他现在使用的这个产品比你的产品稍逊一点儿,因为他对现在使用的这个产品感到舒服而且没有必须要换的理由。你的产品或服务的好处,对比他需要把长期建立起来的使用习惯,彻底改变并重新开始培养一种新的使用方法带来的不便相比,太小了。"

顾客长期养成的产品使用习惯,会让他们产生足够的安全感。对于尚不熟悉的新产品,大多数人还是会抱有一定的疑虑。

毫不夸张地说,顾客很容易变得草木皆兵。特别是他们曾经做出过错误的购买决定后,就会对让他们犯错误的某家公司报以冷眼。他们还会为自己的亲朋好友没有被那家公司的产品坑骗而由衷地喜悦。假如销售员所在的公司曾经因为早年的产品问题而在市场上留下负面记录,唯一能挽回广大顾客信任的办法就是承担起责任,以行动让顾客百分百放心,争取让他们再给你一次机会。

这时候,引导顾客体验新产品或服务,是最能体现销售诚意的做法。虽然销售员可以凭借三寸不烂之舌忽悠人,但产品客观存在的问题骗不了人。

顾客不肯接受销售员的提议,主要是因为他觉得你的解决方案目前对他来说还不是最适宜的。他们不想为此承担改变固有习惯带来的成本。

对此,博恩·崔西建议道:"如果你的产品或服务的每个方面看起来都是潜在客户最适宜的选择,你也愿意承担全部责任,给客户提供全部担保,你就又有了一次机会赢得这个客户。告诉他,如果他的第一选择出了什么问题的话,你非常愿意成为他的第二选择。很多时候,潜在客户已经决定和另外一家公司做生意了,但是他们发现那家公司并不能够提供他们当初承诺的那些。在这种情况下,你就是要把自己定位于这时能让客户立马想起的第二选择。"

所以说,当顾客不认可你的时候,也不要彻底放弃希望。高情商的销售员会努力向顾客传达自己在每一

> **EQ 情商课堂**
>
> ⊙ 每个人对销售活动都具备一定的抵抗心理,不希望销售员在自己没主动提要求时出现。
>
> ⊙ 最好的销售展示就是让顾客亲自体验产品的使用效果,这比任何推销话术都有说服力。
>
> ⊙ 如果顾客没把你的产品当成第一选择,你应该努力让自己的产品变成他的第二位选择。

个环节都遵守承诺的诚意，并寻机让他们充分体验产品的好处。即便他们暂时没产生新的需求，今后也迟早会来找你帮忙。到时再顺势推销一把，生意就能顺利谈成了。

成为客户的顾问，帮他们点缀生活

金牌销售员往往看问题看得很远，站在一个更高的层面来待人接物。这也从侧面体现出了他们超乎常人的情商。因为普通的销售员只要把产品卖出去就觉得万事大吉了。客户对产品的使用体验如何，却不在他们的关注范围之内。殊不知，正是这种缺乏使命感的做法导致销售员在顾客眼中变成低情商人士，从而扼杀了加强与客户进一步社交关系的可能性。

客户购买产品是为了提高自己的生活质量，销售员是他们实现这个目标的重要渠道。

并不是每个客户都清楚自己真正需要过什么样的生活。他们往往只有一个模糊的概念，只有少数人知道怎样巧妙地运用不同的产品来点缀生活。所以，客户在选购产品时都会琢磨该产品会给自己每天的生活带来哪些影响。每个客户在潜意识里都希望销售员成为自己的产品顾问。但遗憾的是，并非每一位销售员都能达到这个要求。

大多数客户都不是"不差钱"的土豪，不得不面对有限的经费与无限的欲望之间的矛盾。据统计，80%的人都是根据产品的性价比来决定是

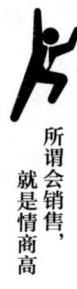

否购买的。假如买到的产品不划算,加重了个人的经济负担,客户就会产生强烈的不满。所以想要售出更多产品,就得想办法让顾客判定其性价比足够高。这就需要销售员扮演好产品顾问的角色。

除了少数专家型客户外,大部分客户对产品的了解都是粗浅的,他们对性价比的判断在很大程度上依赖销售员的解读。

如果销售员能解读出对方最在意的关键信息,客户就会认为该产品的性价比较高。假如销售员解说了大半天的都是对方不在意的细节,客户就会判断该产品的性价比不高,不足以改善自己的生活,从而放弃购买。

从长远的角度看,销售不只是卖产品,也是在帮助目标客户改变生活。

公司开发产品是为了满足消费群体的市场需求,而消费群体的需求归根结底都是生活需求。对客户而言,选择什么品牌的产品其实是次要问题,切实提高自己的生活质量才是核心问题。假如买到的产品不能改善自己的生活,客户就会感到得不偿失,从而拒绝接受销售员的任何意见。

因此,销售员在推介产品时不能只是简单地讲解产品的价格、性能、使用方法以及同类产品的优缺点。而应该把视野放宽一点儿,在脑海中畅想顾客得到该产品后能获得哪些生活上的便利。

销售是一场心理战,销售员要努力激活客户对便捷生活的畅想。只有抱着这样的心态去做销售,让客户知道本公司的产品能为他们的生活带来哪些变化,才能最大限度地赢得他们的好感与订单。

这就需要销售员在平时的业务学习中扩宽视野,不只是去了解公司下发的产品,还要去认真调查该产品用户的生活特点。提前发现对方生活中的不便之处，主动寻找能够解决问题的产品组合。这样做无疑会花费更多精力，但同时也能带来更高的效益。因为客户看到你热心为他们的生活精打细算时，会对你的职业操守肃然起敬，在今后更乐于照顾你的生意。

这是客户对高情商的销售员最好的奖赏。所以，聪明的销售员应该懂得怎样把为客户服务的热情转化为经济效益。此中关键就是主动帮客户想办法点缀生活，展现自己超乎竞争对手的责任心与使命感。简单地说，就是朝着顾问式销售的方向发展。

顾客最喜欢有专家风范的销售员，尤其是那些热衷分享知识的人。因为这样自己就能获得更全面的咨询服务，时不时为日常生活添加新鲜感。顾问式销售就是利用消费者的这种心理来卖产品和服务。

以汽车行业为例，一名合格的销售员要能向顾客详细地讲解某款汽车的性能、款式、价格以及售后服务等内容。而优秀的销售员在此基础上会与顾客分享多年的驾驶经验与汽车保养技巧，甚至交流一些去附近风景名胜区的最佳自驾旅游路线等知识。只要跟汽车沾得上边的信息，顾问式销售员都可以主动跟顾客分享，并成为他们的生活顾问。

如果是售卖厨房用具的销售员，还可以自学烹调技术，与顾客分享厨房生活的心得。特别是对那些VIP客户，销售员不仅要成为其产品顾问，还可以成为他们结识其他具有共同爱好的客户的桥梁。

比如，海尔焙多芬烤箱的销售员就组建了烘焙爱好者朋友圈，把相关产品的使用者都加了进来。大家平时相互分享用微波炉做美食的经验，彼此晒照片来比拼厨艺。这样一来，那些不太擅长烹调的产品用户就能学到更多的下厨技巧。就这样，顾客在顾问式销售员的引导下，扩大了自己的专属交际圈，为生活增添了许多乐趣。

情商课堂

- 顾客的消费行为本质上是为了改善生活质量，销售的目的不只是为了赚钱，也是在帮顾客改进生活。
- 低情商的销售员只想着怎样让顾客付更多钱，高情商的销售员则会努力成为顾客的生活顾问。
- 顾问式销售的精髓是向顾客提供更多的增值服务，让你在他们心中的价值越来越高。

买一套产品，就能得到一个产品生活顾问，交到一群兴趣相投的朋友，这样的买卖对消费者来说无疑是超值的。而销售员也通过顾问式营销与各个产品用户建立了密切而深厚的联系。这将大大提升客户资源规模与销售业绩增长潜力。

成为顾问式销售员的关键不是丰富的业务知识与生活智慧，而是全心全意为提高客户生活质量而努力的职业操守。

前者可以通过刻苦积累而获得，但后者要看销售员的认识水平与情商境界。做销售当然是为了赚钱，但销售员卖产品不仅仅是在赚客户的钞票，也是在为公司品牌扩大影响力。

所以，不要让客户觉得你只是为了赚他的钱而上门的。客户并不反感你赚他们的钱，但只有在你为其带来足够的价值时，他们才愿意出这个价钱。顾问式销售的精髓就是增值服务，不断增加销售员为顾客提供的价值。唯有这样，客户才会认可销售员的价值，也才会信赖这位特殊的生活顾问。

第9堂课 ▶

克服麻烦靠韧劲，化解纠纷靠弹性

金牌销售员也有失败的时候，但他们仍能保持积极上进的正面形象。不为一时失败而萎靡不振，也不因顾客的拒绝而恼羞成怒。面对顾客的抱怨，高情商的销售员总是淡然处之，并以热情去折服对方。他们善于根据顾客的特点来改变安抚策略，把顾客的怨气化解掉。在处理顾客投诉时，高情商者会努力控制谈话氛围，避免冲突升级。而在事后，他们会认真总结问题所在，把隐患消除在萌芽状态。

所谓会销售，就是情商高

淡定对待拒绝，用积极和热情化解埋怨

买卖过程中最常见的，也是销售员最不希望看到的情况就是被顾客拒绝。尽管有经验的销售员已经把顾客的拒绝当成家常便饭，但还是免不了会觉得受到了打击。

那些情商较低的销售员遇到拒绝通常有两种表现：一是灰心丧气地离开，二是火冒三丈地与顾客争执。无论哪种情况，都是消极的做法，都不会让顾客改变自己的态度。高情商的销售员会采取第三种做法，对顾客的拒绝淡然处之，找到其拒绝的原因，并以加倍的积极和热情来化解他们对销售员的不满。

没有淡定的心态，销售员就容易变得悲观消极、失去理智。没有积极热情的态度，顾客不会感受到销售员的诚意。从某种意义上说，卖产品也是一个展示态度的过程。销售员的态度不好，会导致优质产品被顾客不分青红皂白地拒绝。倘若销售员的态度极佳，顾客对先前的拒绝行为感到抱歉的情况也并不罕见。

当然，光有好的态度不一定能挽回顾客。以热情而和善的态度弄清顾客的拒绝原因，才是解决问题的根本。

第9堂课 克服麻烦靠韧劲,化解纠纷靠弹性

日本推销专家二见道夫曾经做过一项调查,询问378名顾客为什么会拒绝来访的销售员。结果出人意料,70%的调查参与者表示并没什么明确的理由,只是纯粹觉得销售员很烦。这些顾客只是随便找个借口打发人,并没有真正的拒绝理由。由此可见,当顾客拒绝你时,并不意味着销售就真的结束了。如果能搞清楚他们的想法,就有可能找到扭转局面的机会。

除了单纯讨厌销售员来打扰自己的主观理由外,顾客在客观上的拒绝理由主要有以下几点:

(1)对产品的价格不满意。

(2)对销售员的临场表现不满意。

(3)对销售员的后续服务不满意。

(4)对销售员的竞争对手比较看好。

(5)对产品的售后服务感到忧心忡忡。

这5种拒绝理由都非常现实,但销售员也并非无力摆平。所以,当顾客对你表示拒绝时,不要急于说"对不起,打扰了"。先用友好的语气询问对方到底对什么地方不满意或者心存疑虑。把具体的拒绝理由先找出来。这时候,原本打算随意打发你离开的顾客,会设法找一个更具体的理由来回绝你。销售员只要弄清顾客属于上述哪一种情况,就可以做更有针对性的说服工作了。

比如,顾客对产品价格不满意时,销售员可以通过强调产品性价比或者提供一些适度的优惠政策进行说服。若顾客认为销售员临场表现不佳就要在平时好好训练销售展示能力,增强自己对顾客的感染力。如果顾客对销售员的后续服务或产品的售后服务抱着怀疑态度的话,就要用热情和耐心向他们保证,并以行动给出有力证明。假如顾客更喜欢公司

竞争对手的产品,也不要就此罢手,可以仔细向顾客分析对比各自产品的优劣,然后强调本公司的产品能满足顾客的哪个需求点。

无论是说服顾客的哪一种拒绝理由,销售员都应当运用合理的说服技巧,在不知不觉中让顾客改变观念。

面对顾客的拒绝,营销培训专家汤姆·霍普金斯提出了一个逐渐地改变顾客思维的办法:"感觉——以为——发现"回答法。

第一步:向顾客表示"我理解你的感受"

人与人之间最宝贵的是相互理解。高情商者善于识别对方的情绪,感知对方的痛苦,故而能换位思考,弄清对方的心结所在。用一句"我理解你的感受"做回复的开头,可以让顾客觉得你认真倾听了他们的心声。这份尊重感会让他们顿时对你产生亲近感。

第二步:让顾客以为大部分人都和他的想法一致

大家都希望自己的意见能被大众认可。与你意见相同的人越多,说明你的观点就越具有代表性。尽管有代表性的意见不等于就是真理,但必定会形成一种吸引更多人认同的力量。所以,销售员可用"其他人刚开始也都是这样以为的"做第二句回答,让顾客以为自己的观点得到了普遍支持。这里的"其他人"可以是普通的消费者、该领域的专家或者其他知名人士。

第三步:告诉顾客"其他人的想法后来被事实改变了"

具体可用"然而,他们发现做了X决策后却出现了Y结果,于是改变了最初的看法,接受了我(指销售员)的建议"来结尾。其中,X决策可以是使用相关产品,也可以是尽快下订单。Y结果是一个让其他人意想不到正面的结果,最好是顾客最关心的某种产品功效(即需求点)。

"感觉——以为——发现"的回复句式完整地还原了一个顾客从怀疑产品到信任产品的转变过程。接下来,销售员顺势劝导顾客也如法炮制,转变最初的看法,像其他人那样接受自己的推销建议,暗示顾客这样做同样能取得意想不到的结果。

这只是其中一种处理顾客拒绝的技巧。要想运用这种技巧,销售员首先要有一颗淡然对待挫折的心,一颗被泼冷水还照样能保持热情的心。否则,你是根本提不起精神去扭转局面的。

销售工作就是这样充满波折却又振奋人心。起起落落都是正常现象,不要苛求自己的每一次客户拜访都能赚到钱。因为连最顶尖的金牌销售员都做不到这一点。正确认识销售工作的复杂性,正确认识自己的能力,这才是高情商的销售员该做的事情。

> **EQ 情商课堂**
> - 大部分顾客拒绝销售员时并没有什么特别具体的理由,只是不想被打扰罢了。
> - 但顾客拒绝你时,应该保持淡定,询问具体原因,然后热情而耐心地帮顾客解决疑问。
> - 高情商的销售员应该正确认识销售工作的复杂性与自己的能力。

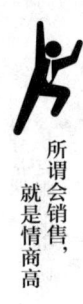

对不同的顾客采取不同的安抚策略

一种产品面向的消费者成千上万,这意味着销售员要向成千上万的、性格不同的顾客推销同一款产品。

营销专家通常把顾客分为12种性格类型。每一类顾客的思维作风与购物习惯大相径庭。这对销售员的情商提出了复杂的要求。接下来,我们就来见招拆招。

1. 冲动型顾客

冲动型顾客情绪多变、盛气凌人,喜欢打断他人的话。但这一类消费者也比其他类型的人更容易做出冲动性消费决策。只要能抓住对方的情绪规律,让他们高兴,就能促成交易。所以,销售员面对其多变的情绪时应当保持足够的耐心,根据对方反应来调整说辞。在引发其消费兴趣后,应尽快完成交易手续,不要拖泥带水。

2. 理智型顾客

理智型顾客与冲动型顾客截然相反,最讨厌冲动消费,力主理智消费。他们购物时必定会三思而后行，不深入掌握产品的优缺点就不会轻易做决定。促成交易的关键是让他们觉得物有所值。否则的话，任你说得天花乱坠，理智型顾客照样岿然不动。销售员在向他们推介产品时，千万不要夸大其词，否则很容易弄巧成拙，被他们抓住破绽。销售员唯有把自己的专业素养展现出来，给理智型顾客提供充足的参考信息，才能赢得他们的好感。

3. 挑剔型顾客

挑剔型顾客喜欢从鸡蛋里挑骨头，从品质、样式、包装、价格、服务等方面挑产品的毛病，以便砍价杀价。这让不少销售员感到头疼。但有经验的销售员都明白，嫌货人才是买货人，越是挑剔说明顾客越是想买这款商品。所以，销售员不能对他们的挑剔感到不耐烦，反而应该适当称赞其"眼光犀利"，并强调本公司的优惠政策来影响挑剔型顾客对商品的价值判断，从而促成交易。

4. 多疑型顾客

多疑型顾客通常不信任销售员，害怕自己在交易中被占便宜。所以，他们总是有许多疑问，绝不轻易做决断。当然，他们的怀疑并非不想买东西，只是过于害怕买错罢了。如果自己的疑虑能得到合理的解释，多疑型顾客就会决定下单。销售员应该展示多方证据来表明推介产品的优缺点，也可以借助老客户的反馈意见来增强多疑型顾客对产品的信心。

5. 大胆型顾客

大胆型顾客作风明快豪爽，只要他们看中了产品，就会果断出手，不需要销售员做太多的讲解。这类顾客对销售员业绩的贡献比较大。销

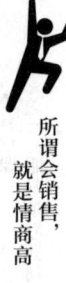

售员应该摸清对方的兴趣点,再做针对性的产品介绍。只要让大胆型顾客觉得产品优点不少,就能很快促成交易。

6. 犹豫型顾客

犹豫型顾客喜欢在一些本来无关紧要的环节反复商谈,把决策时间一再拖延。他们对产品本身是满意的,只是担心自己是否做出了冲动的决定。销售员一定不能急于求成,敦促对方做决定。若是逼得太过火,反而会把顾客吓跑。对待犹豫型顾客,应当以鼓励为主,最忌用讽刺的话来伤害他们的自尊心。

7. 啰唆型顾客

啰唆型顾客喜欢跟人聊天,倾吐欲望强,比较热情幽默。销售员与之沟通并不困难,唯一比较麻烦的是,他们说着说着就把话题带偏了,迟迟拐不回正轨。这同样会降低销售效率。所以,销售员不能对啰唆型顾客太热情,注意控制好谈判节奏,及时拨正话题,以免他们的思绪从"里约奥运会的跳水池变绿"跳跃到"《西游记》的作者是不是吴承恩"。最后还要在合适的时机果断结束谈话。

8. 沉默型顾客

沉默型顾客对于不少销售员来说是非常头疼的类型。因为他们极少主动开口,只是听着你说"单口相声"。你猜不透对方心里在想什么,提问也很难打开他们的话匣子。最终,由于双方沟通不畅而未能达成销售。遇到这类顾客时,销售员往往比较尴尬。既然提问不容易找到头绪,销售员就应该比平时更细心地观察对方的肢体语言与神态,不要急于直接讨论产品，而是寻找一些比较有趣的话题来引导对方开口，再根据其感兴趣的内容来推销产品。

9. 保守型顾客

保守型顾客的怀旧情结比较浓，喜欢用老款经典产品，对新产品的接受能力在各类顾客中最弱。但随着老款产品退出市场，他们迟早要用新产品来填补需求空白。这就是销售员的商机所在。不过，这类顾客基本不愿尝试新生事物，交易心理也比较消极，总体上来说态度顽固。但高情商的销售员会察觉，他们恋旧主要是因为心里缺乏安全感。所以销售员可以对症下药，列举具体的成功案例，耐心解答对方的各种疑惑，以便增加其心理安全感，成为保守型顾客的好顾问。

10. 悲观型顾客

悲观型顾客凡事都爱往坏处想，容易小题大做，销售员稍微用词不当或者开个玩笑都会引起他们的高度紧张。他们则会为一些其他类型顾客根本不在意的小细节不断质问销售员。有些销售员因为受不了悲观型顾客的负能量而放弃了一些本来有可能成功的交易机会。其实，悲观型顾客是对自己能用好产品的信心不足，害怕买回去的产品动不动就出故障。这就需要销售员耐心倾听他们的焦虑，用逻辑严密、入情入理的分析来打消其疑惑。面对他们小题大做的质问，销售员一定要沉着冷静，态度温和，引导他们往积极的方向想事情。

11. 从众型顾客

从众型顾客凡事随大流，缺乏自己的主见。身边的人流行用什么产

> **EQ 情商课堂**
>
> ⊙ 不同的顾客有不同的购买习惯，不能用单一的推销套路来应对。
> ⊙ 销售专家将顾客按照性格作风分为12种类型。
> ⊙ 高情商的销售员要能根据顾客类型的变化来调整自己的推销策略，以求更好地满足其具体要求。

品，他们就跟着买什么产品。有时候，他们本来并不需要某些产品，但看到大家都在抢购，于是也坐不住，跟风消费。最能打动他们的营销信息是某款产品目前在市场中的销量。凡是销量喜人的产品，从众型顾客就会大胆消费。所以，销售员可以重点强调一下推介产品的销售成绩与口碑，暗示这款产品几次增加进货、目前所剩不多，让从众型顾客感觉再不买就吃亏了。不过，销售员不能宣传得太夸张，否则会产生反作用。

12. 精明型顾客

精明型顾客普遍爱贪便宜，是讨价还价的老手。他们每一次购物都会要求销售员提供更多优惠折扣或赠品。这类顾客比其他类型的顾客更喜欢砍价杀价，是销售员最难应付的谈判对象。不过，高情商的销售员会充分利用精明型顾客的心理，来一场精打细算的高手对决。通过折扣或赠品等合理让利的方式来吸引精明型顾客消费。假如当前没有折扣政策或赠品时，销售员可以详细分析产品性价比，让精明型顾客感到物有所值，从而接受销售员报的价格。

顾客的反对意见里可能藏着成交的转机

传统意义上的销售的最后一步，是让客户签下订单。愉快的谈判过程可能让销售员认为已经胜利在望，但越是最后关头越可能有变数发生。这好比是足球比赛，行云流水般的传切配合，前锋队员甩开对方后卫，形成单刀球的局面，就差最后临门一脚……打偏打飞的概率总是比破门的概率高。就在销售员以为顾客已经没有任何理由拒绝时，顾客仍有可能在最后关头反悔，拒绝签订单。

为山九仞而功亏一篑，销售员碰到这种情况时简直想发飙。如果是情商不够高的销售员，说不定会跟顾客起争执。

几乎每一位销售老手都经历过类似的情况，但最终处理结果却因人而异。房地产业务员出身的美国推销训练大师汤姆·霍普金斯说："当顾客提出异议时，你听到的是什么？经过良好训练和勤奋练习的伟大的销售人员会将顾客的异议听成：'你可以解释得清楚点吗？'反之，普通和平庸的销售人员则会把同样的异议听成：'我是不会买你的东西的。'"

毫不夸张地说，汤姆·霍普金斯提到的"伟大的销售员"无疑是高情商者，"平庸的销售员"则是低情商者。后者与前者之间的差距不只在

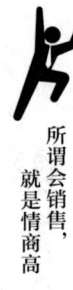

经验上,更在意识上。

面对顾客在签订单前突然提出的反对意见,高情商的销售员看到的不是拒绝而是机遇,低情商的销售员看到的却只是拒绝。经验丰富的销售员会很快意识到,顾客提出异议并不是对产品不感兴趣,恰恰相反,他们的兴趣非常浓厚(人们对真正不感兴趣的东西连异议都懒得提)。只要能很好地解答他们最后时刻的反对意见,这单生意就真的要谈成了。

汤姆·霍普金斯特别强调:"有时,在你请求购买或假定销售做成后,顾客还会提出异议。顾客在这个时候提出异议,他多数只是想得到确认。当出现这种情况时,你或许也很想给予确定的回答,但注意不要反应过激、自我防备或停止销售。拜见并观察公司里的冠军销售员,你就能够找到一份常见异议的列表。如果表上开列的问题足够完整。那你就可以根据前面学到的方法去做准备,以便能有效地克服它们。"

销售员要面对各种各样的顾客,所以遭遇的反对意见也五花八门。但总体而言,消费者的反对意见往往有一定共性。如果把常见的顾客异议整理出来,销售员就可以像武术冠军搞对练一样娴熟地同顾客见招拆招,一举搞定对方的反对意见。

通常来说,顾客在签订单的前一刻之所以提出反对意见,主要有以下几个原因:

第一,顾客手头事情太多,没有足够的时间来充分考虑销售员的提议。他们并不是没有需求,也不是绝对不买。只是由于决策中要权衡的因素太多,一时没法迅速理清头绪。所以,顾客会通过提出异议来延迟交易,以降低自己买错东西的风险。

事实上,大部分销售员都不会在第一次拜访客户时就拿下订单,往往会进行第二次甚至多次谈判，才能推动销售进程。说到底，就是在选择一个能让顾客充分做理性思考的时间点，以便他们在深思熟虑后决定与你交易。

第二，顾客害怕上当受骗，对产品和服务的可信度心存疑虑。

很多顾客由于曾经有过不愉快的购买经历，害怕被"巧舌如簧"的销售员给坑骗了，也害怕自己做出错误的决定会被周围的人耻笑。你越是说得头头是道，他们越挑不出毛病时，内心的不安全感也越重。因为在前一次错误的购买决策中，他们也曾以为绝对不会出问题。所以，顾客潜在的心理压力会在销售进展到最后一个环节时集中爆发。尽管他们在此前谈判时没有提什么意见，但在这个最后关口却无法保持沉默。

除了顾客的因素外，顾客对签订单的迟疑可能源于销售员本身的疑虑。

不少销售员对拒绝和批评心存忌惮。尤其是他们花很长时间开拓一个新客户的时候，更不希望自己长期以来的心血打水漂。由于在顾客身上投入了太多精力和资源，销售员感到难以承受失败，于是没有足够的勇气在销售展示结束后马上给顾客下订单，以免让对方因被催促而感到不高兴。

上述几个因素的综合作用，最终导致顾客在最后时刻突然提反对意见，以至于放弃交易。

实践经验证明，当顾客非常清楚自己的需求，而销售员又做到了通俗易懂、打动人心的销售展示时，他们一般会马上决定购买，免得夜长梦多。但这样顺利的销售，出现的概率少到可以忽略不计。

所以，销售员要保持更高的情商，不要奢望一步登天，而是用耐心与机智来妥善应对顾客最后的反对意见。

> **EQ 情商课堂**
>
> ⊙ 顾客出于种种原因可能在签订单的前一刻突然提出反对意见,甚至放弃交易。
>
> ⊙ 低情商的销售员把顾客的反对意见理解为彻底拒绝,高情商的销售员则将其视为成交的前兆。
>
> ⊙ 销售员应当根据交易的类型和规模差异调整策略,以坚定的态度来耐心解答顾客最后的反对意见。

销售大师博恩·崔西给出的建议是具体问题具体分析、灵活应对。他说:"产品或服务不同,其结束交易的方式也不一样。销售小型产品或服务,开发潜在客户和做完整销售陈述能在第一次拜访中一起完成;而对于大型产品或服务,你需要在几个星期或几个月中做多次的销售拜访。对于周期短、金额小的销售,潜在客户在你销售陈述结束后,已经具备做出购买决定所需要的所有信息,你所要做的是回答客户遗留的问题并请求客户下单。而对大额销售,你也许需要和潜在客户见几次面,他才可能做出决定,你需要有足够的耐心和坚持不懈的精神。"

简单地说,对于小型产品与小额交易,销售员可以力争在首次拜访时说服客户,请求对方尽早下单;对于大型产品与大额交易,销售员则要抱着打持久战的觉悟,通过不断拜访客户来推动销售进程。

总之,顾客在签订单前夕的反对意见,未必意味着你将失去这笔收入。这说不定与交易成功只差一层窗户纸。你要做到的是,唯有根据交易的类型和规模,坚决把它拿下来,不达目的不罢休。

调节投诉现场气氛,以免冲突升级

顾客投诉也是销售的一部分。哪怕是金牌销售员也会有投诉记录的。然而,他们的过人之处在于能沉着应对顾客的反对意见,一步一步消除对方的怨气,引导其重新接受产品或服务。并非每一位销售员都能调节好投诉的现场气氛。相反,不少人因为应对失当而加剧顾客的对立情绪,让冲突升级。

能屈能伸、刚柔并济是高情商的销售员的必备素质。受不得一点儿委屈的人不适合做销售。因为他们遭遇顾客投诉时,肯定会跟对方吵成一团。想要有效处理顾客投诉,销售员首先应当学会正确地看待顾客的反对意见,而不能一听到"投诉"二字就怒火中烧。

营销专家博恩·崔西在《销售圣经》中谈道:"要对每个反对意见都给予赞扬,把它们当成是对你产品深思熟虑的思考。你越赞扬潜在客户的反对意见,他越有可能提出更多反对意见,不断地把他的每个顾虑都告诉你。当潜在客户不管什么原因提出反对意见时,你都可以这样说:'这是个好问题!我非常高兴你问出这个问题。'你赞扬潜在客户,他会感觉很舒服,而且会问更多的问题。你接纳反对意见并把它处理成一

个问题,你就会把销售谈话中的负面东西转变成你和客户之间寻找事实的一种行为。"这段话包含了以下3层意思。

1. 销售员应当把顾客的反对意见理解为他们对产品的深入思考

我们都知道,嫌货人才是买货人。顾客投诉主要是觉得产品没有满足自己的预期。有时候的确是产品本身太次,但有时候是顾客的预期过高。不管怎样,愿意以投诉的方式来尝试解决问题,足以说明他们并不是彻底放弃产品,而是希望得到符合预期水平的补偿。

2. 积极鼓励顾客把自己心中的疑虑全部吐露出来

顾客的反对意见直接体现了其心中的疑虑。假如能有效解决这些疑虑,他们自然会心满意足地购买产品。实现这个目标的前提是有效沟通,让顾客把心里的疑虑全部说出来。假如销售员迫不及待地反驳对方的意见,就会形成争论,让顾客无法充分表达真实想法。销售员也就无从知晓更多让顾客不满的细节,找不到改进的方向。

3. 巧妙地置换立场,让顾客把你当成共同解决问题的帮手

通常来说,顾客在投诉时会默认销售员站在自己的对立面,肯定会推三阻四。所以,销售员表示很高兴看到顾客主动提出疑问时,顾客的气就会消掉一大半,不再把销售员看成敌对分子。这样一来,双方就能心平气和地解决问题了。

不过,许多销售员在面对顾客的激烈反对时,很难控制住自己的情绪,喜欢打断对方发言。这种做法并不利于控制现场气氛,反而容易激

化矛盾。

心理学研究表明：人们心中存在负面的情绪时，就无法集中注意力听你说话了。销售员想要让顾客把注意力完全集中在自己身上，就必须创造条件让他把负面情绪都表达出来。销售员若是能抓住这个机会，就能有效排解顾客的负面情绪，与他们建立相互信任的销售关系。

因此，博恩·崔西反复强调："不管潜在客户说什么，你都要完整地听他讲完。耐心地听，注意反对意见，即使你已经听过这个反对意见上千次了，也千万不要跳起来用你准备好的回答轻率回应。因为，对这个潜在客户来说，这是他的第一次，你尊重他的问题对他而言是很重要的。"

这一点常被不会换位思考的低情商的销售员所忽略。虽然你对某种投诉意见已经听到厌烦，甚至倒背如流，但你的顾客只是第一次经历这件事。他们不会因为你听过无数遍相同的反对声音，就放弃表达个人看法的权利。假如你表现得缺乏耐心，顾客不会去理解你的心情，只会觉得你没有素质。

高情商的销售员当然不是完全没有情绪，但他们懂得通过换位思考来理解顾客的难处，从而克服自己的不耐烦心理，用热情与耐心消除顾客的怨念。

在倾听顾客的反对意见时，销售员应当注意根据不同情况来灵活处理。唯一的宗旨就是让顾客没有怨言地离开。

有些顾客提出投诉是出于炫耀心理。他们可能在同一行业做过类似工作，对你的产品或服务极为了解。投诉也许只是希望自己的专业知识被人重视。面对这类顾客，销售员应当表现出一副虚心求教的姿态，将其视为业务上的老师傅，请他们对本公司产品与其他同类产品做出点评。这样

情商课堂 EQ

- 金牌销售员也遭遇过顾客投诉，但只要冷静处理，就有可能化危机为转机，赢得顾客的订单。

- 顾客投诉时会把销售员放在自己的对立面，但销售员不能把顾客放在自己的对立面，而是巧妙地转换立场，让他们把你当成共同解决问题的帮手。

- 无论顾客说什么反对意见，都要先耐心倾听而不发表评论，然后再多多赞扬顾客，积极共析疑义，最终化解其报怨。

就能最大限度地满足他们希望被人欣赏的需要，他们也会因此信任和喜欢你。

即使你比他们懂得多，也不要与之争论。唯有让对方自我感觉良好，才能赢得销售。

有些顾客起初给出的都是一些鸡毛蒜皮的小投诉意见。销售员应当保持警惕，他们也许一直把最主要的反对意见隐藏起来，在最后关头才拿出来当撒手锏。这是因为顾客很清楚，如果过早提出主要反对意见，万一被你成功解答，他们就没有理由再拒绝购买了。所以他们会保留这个意见，以免太早做出购买决定。

对待这种顾客的方法与前面差不多，只是需要更充分的心理准备。你可以在顾客阐述投诉意见时只倾听而不评论，先找出顾客的关注点与自己的预判有哪些差异，然后着重听取这个意见最后20%的内容。因为这部分内容包含了反对意见里最有价值的80%的信息。弄明白了这一点就能见招拆招，一举解决顾客最主要的疑虑。

第10堂课

善解人意的人最好命，80%的业绩来自倾听

高情商的人不一定都外向开朗。很多金牌销售员其实都是内向性格，但他们依然能获得优异的销售成绩。这在很大程度上源于他们在营销过程中多听少说，充分弄清楚顾客的真实想法，用最精练的语言来解答顾客的疑问。而有些销售员往往只顾着表现自己的口才与激情，而不在意顾客的感受，这种低情商的做法很容易导致推销失败。

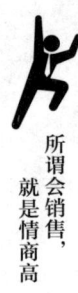

多听少说，避开顾客的"雷区"

能说会道才能做销售，这是普通人对销售员的看法。因为在购物过程中，销售员的话总是比消费者要多。而喜欢交谈一般被认为是性格外向者的特征。所以，大家普遍认为性格内向者不适合做销售，优秀的销售员都是性格外向的人。

然而，国际知名销售大师博恩·崔西却给出了一个截然相反的观点。他说："75%的顶尖销售人员在心理测试中被认为是个性内向的。他们不招摇，容易相处，以他人为中心，对他人的思想和感觉感兴趣，愿意倾听潜在客户说话。在销售中，他们更愿意倾听而不是高谈阔论。一般的销售人员主导谈话，而优秀的销售人员积极倾听……顶尖的销售人员运用70∶30法则。他们用30%或者更少的时间来说话和询问客户问题，而用70%或者更多的时间来倾听客户。"

世界上绝大部分杰出销售员其实是性格内向者？博恩·崔西的观点与我们的看法相去甚远。但他是在美国乃至在全世界都能排到前十名的金牌销售员，必定是经过多年销售实践才得出这个结论的。

其实这种现象并非不可理解。博恩·崔西已经提到了原因：性格内向者发挥了性格外向者所缺少的特长——多听少说。

再沉默寡言的人也是有表达欲望的。只不过，他们喜欢的表达方式并不是出声，而是用文字、图像、视频等书面表达来代替口头表达。互联网上有很多用户动不动就能发出占满一屏幕的话，但他们在生活中很可能是不爱说话的人。由于不喜欢多说话，性格内向者总是会千方百计地用更精练的语言来表达更多的内容。他们更喜欢先听别人发表意见，弄清楚问题的关键所在，然后再进行精准的发言，从而达到一鸣惊人、一针见血的效果。

对顾客而言，最让自己感到困扰的就是在自己耳边唠叨个不停的销售员。

顾客喜欢自己挑选商品，遇到不清楚的情形时才去咨询销售员。这种做法能让顾客感觉自己掌握着购买的主动权。而热心过度的销售员只顾着表达自己的想法，把顾客当成一个被动的信息接收器，毫无倾听顾客心声的意识。他们随时都在插话，不停地打断顾客的思路，自然会让顾客感到厌烦。于是双方的心理隔阂更大，增加了销售的难度。假如销售员一不小心触及顾客的忌讳，则会引起更麻烦的纠纷。

因此，优秀的销售员并不是通过多动嘴来控制交易谈判节奏，而是通过多听少说的方式来解除顾客对自己的戒心。相对而言，性格内向的销售员天生就倾向于这种做事习惯，容易给顾客留下善解人意、充满耐心的印象。性格外向的销售员比较难以克制住自己的表达欲，从而干扰顾客的自我表达，给沟通造成阻碍。

从某种意义上说，优秀销售员与平庸销售员的主要差距就在于倾听能力这个环节上。这实际上也体现出这两种人的情商高低。

高情商者善于识别他人的情绪，倾听是他们了解对方情绪的主要手

段。根据博恩·崔西的调查，企业的采购经理最喜欢的就是善于倾听的销售员。因为这种销售员真正关心的是自己的实际需求，并以最简明了当的方式来完成任务。低情商者则不然，过于以自我为中心，而忽略顾客的真实需要。

多倾听、少发言的销售方式有以下几个好处。

1. 减少顾客的紧张感

顾客来买东西时，总是会对销售员保持一定的警惕性，从而让自己的心态变得紧张而敏感。销售员稍微有一点儿不妥的言行，就可能招致顾客的激烈反应。所以，销售员必须想办法让顾客放松下来。如果你能认真倾听，而不是争辩，就可以让潜在客户感到轻松舒适，从而对公司的产品或服务产生更多的信任。

2. 满足顾客想要被尊重的心理需求

每一位顾客都有自尊心。他们的购买决定在很大程度上取决于销售员是否尊重自己。因为在很多人眼中，言行上的尊重最能体现合作的诚意。顾客感受到的诚意越多，下单的决心也就越大。在这个讲究个性化消费和人性化服务的时代，销售员的诚意可以为产品加很多分。而倾听行为最能表达销售员对顾客的尊重。这是高情商的销售员常用的增加印象分的手段。

3. 塑造自己的好品格

人的自我完善主要有两种途径：一是自我学习，二是以他人为参照物来修正自己的航道。倾听就是后一种方式。优秀的销售员并不是一开始就有惊人的表现，但他们懂得集中注意力去倾听顾客的意见。倾听的内容越多，他们的视野就越开阔，对各种各样的顾客需求也就了解得越详细。这样一来，自己的销售方法有哪些不足，自己有哪些不讨顾客喜欢的地方，也就都能弄清楚了。通过不断的倾听实现不断的进步，高情商的销售员就是这样从平庸变成优秀的。

总之，销售员在接待顾客时，不宜太多嘴，首先要学会认真倾听。顾客说的每一个字以及其背后的意思，都应该作为营销重点来听取。与其用销售话术照本宣科地扯一大堆顾客不感兴趣的客套话，不如反其道而行之，先让顾客来发言。这样你才能避免踩到顾客的"雷区"，引发不必要的纠纷。而顾客发现愿意听他说话，对你的好感度与信赖度才会直线上升。

EQ 情商课堂

- 最优秀的销售员并不都是喜欢说话的性格外向者，大多数是言简意赅的性格内向者。
- 倾听能力是高情商者的一项重要能力。
- 善于倾听的高情商的销售员可以减少顾客的紧张感、满足顾客想要被尊重的心理需求，并塑造自己的好品格。

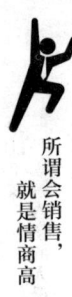
所谓会销售，
就是情商高

弄清顾客"怎么看"，才能替他着想

许多销售员都盼望着能在第一次接触中就能让顾客做出购买决定，这种愿望在实际交易中并不容易实现。

原因很简单，你不了解消费者，消费者也不了解你。双方都还没有建立信任关系，顾客怎么可能轻易为你掏腰包？所以，当陌生顾客光临时，销售员最迫切的任务就是弄清楚他的需求。

国际销售大师博恩·崔西把销售的基本过程分为3个阶段：检查阶段—诊断阶段—开处方阶段。销售员在检查阶段的核心任务是与顾客建立关系，诊断阶段的核心任务是找出阻碍顾客做购买决定的问题，开处方阶段的核心任务是给顾客提供解决方案。

绝大部分失败的销售活动，都止步于前两个阶段。比如，销售员无法吸引顾客对产品的兴趣，就无从建立关系，那么本次销售就输在了检查阶段。顾客有消费意向，但若销售员无法找出阻碍交易的主要因素，无力解决顾客的疑问，那么本次销售就输在了诊断阶段。

前两个阶段考验的是销售员的观察能力与倾听能力，对应情商理论而言，就是识别他人情绪的能力。这种能力对销售员的重要性甚至超过了伶牙俐齿。如果你不能准确了解顾客对产品的看法，就无从弄清其真正的需求点。而这个需求点，恰恰是销售谈判的立足之本。

美国销售点子大王齐格·齐格勒曾经说过："如果你下决心从事推销工作，那么首先必须真心关心他人，关心他人的问题、想法和需要。这点可能并没有得到普遍的认识，但是作为一名推销员，就需要比别人更深入地了解人们的内心世界。作为一名推销员，面对的是人类真正的欲望和动机，因为当人们买一件商品的时候不仅体现了他此刻的需要，而且从这件商品上，我们还能够了解到他是属于哪种类型的人。"

齐格·齐格勒说的"这点可能并没有得到普遍的认识"是一句大实话。毕竟时至今日，大众仍把能说会道的口才当成销售第一利器，而忽略优秀销售员真正的核心竞争力是洞悉顾客的想法。

不少销售员常犯的错误就是，试图让顾客相信正在推销的产品就是他们需要的东西，却并不愿意倾听顾客诉说自己的需要。

说到底，还是情商偏低，过分以自我为中心，懒得去识别他人的情绪和想法。所以，有些销售员介绍产品时说得头头是道，看似让对方找不到什么毛病，但顾客嘴上没疑问不代表就喜欢产品。任你的发言滴水不漏，只要没有抓到顾客的购买动机，就形同废话。

事实上，顾客的购买行为背后往往隐藏着不止一种动机。比如，博恩·崔西就提出过"第一动机"与"第二动机"的概念。

第一动机指的是顾客购买某款产品的基本原因。假如产品无法满足这个最低的基本要求，顾客是不会搭理你的。正如需要止痛药的顾客才不会在意最新款的苹果手机等相关情况，因为跟自己的需求毫不相关。第一动机是顾客上门的大前提，通常不需要销售员刻意去琢磨。

第二动机指的是顾客购买该产品的具体原因。第二动机是千变万化

的。每一位顾客对产品价值的衡量标准不尽相同。有的人选择某款产品是看中了性价比，有的人则是基于对款式的喜爱，有的人则是出于收藏的考虑。在销售过程中，第二动机往往对促成交易起着决定性影响，故而被博恩·崔西称为"真正的原因"。

再理性的消费者，做决策时也免不了带入心理情感的因素。这个因素虽然看起来并不理性，甚至毫无逻辑，但这恰恰是顾客真正的购买动力。而顾客提出的那些精打细算、逻辑严谨、论据充分的购买理由，本质上是对这个"真正的原因"进行合理化。

把情绪化的决定包装成有理、有据、有逻辑的理性决定，是每一位顾客相通的思考方式。因此，高情商的销售员会通过弄清这个"真正的原因"来提高销售成功率。而要实现这点，销售员唯一的途径就是观察与倾听。

比起从外部观察，倾听更能直接掌握顾客的内心想法。所以，高情商的销售员不光要具备关心他人情感的意识，还得好好掌握倾听的技巧。这样才能把倾听的作用发挥到极致。

为了更好地弄清顾客的想法，销售员应该掌握以下倾听技巧：

首先，集中注意力专心听顾客说话，不要随意打断对方的发言。

跟顾客"抢话筒"是销售员常犯的毛病。这说明他们没有耐心听顾客表达自己的需要，也没有集中注意力听对方说话。这既不尊重人，也大大降低了沟通效率。销售员在顾客说话时，应该身体略微前倾，目光正视对方的眼睛或嘴巴，集中注意力去听他说的每一个字，把其他事情暂时从脑子里排除出去。假如有不同意见，也不要轻易打断顾客发言。这种认真而耐心的倾听姿态，可以让顾客更加放松地说出自己的真实打算，从而让你捕捉到那个能够促成交易的"真正的原因"。

其次，在顾客说完一段话后稍微停顿3~5秒钟，然后再看情况决定是回复还是继续倾听。

人很难一次完全表达出自己的想法与情绪。也就是说，顾客说完一段话后，可能会想到一些补充意见。这些补充意见往往能更全面地反映其购物的第一动机与第二动机。这时候，如果销售员已经开始发言，就会让顾客的注意力转移，从而忘掉自己要补充的话。于是，销售员就错过了让顾客进一步透露信息的机遇。所以，销售员不必急于回复，最好先停顿3~5秒，以表示自己刚才在认真琢磨对方的意见。如果顾客还想说话就继续耐心倾听，如果顾客没有补充意见，再给出回复也不晚。

高情商的销售员总是先弄清顾客怎么看问题，顺着顾客"真正的原因"来推介产品。不必浪费太多口舌就能达成更高的销售目标，这就是倾听的力量。

> **EQ 情商课堂**
>
> ⊙ 销售的基本过程分为3个阶段：检查阶段、诊断阶段和开处方阶段。
>
> ⊙ 想要成为一名优秀的推销员，就应该比他人更深入地了解顾客的内心世界。
>
> ⊙ 顾客的购物行为存在第一动机和第二动机，具体的第二动机往往是促成交易的真正原因。

运用同理心,将营销信息植入顾客的大脑中

每一位金牌销售员都是消费心理学的大师,他们能熟知顾客种种言行的背后隐藏着哪些想法。他们的沟通技巧并没有华丽的辞藻,而是直指人心的精准剖析。毫不夸张地说,理解人心的能力在销售中起着决定性的作用。

在情商理论中,理解人心就是感知他人情绪。而感知他人情绪的最高境界,就是拥有一颗善解人意的同理心。当一个人具备同理心时,就能在主观上感受到他人心中的冷暖苦甜,从而找出对方的心结所在。有些人能肆无忌惮地伤害他人,就是因为缺乏同理心,感受不到他人的痛苦,也就无法理解自己的行为为何遭人唾弃。

低情商者的同理心通常不会太好,除非自己亲身品尝过同样的滋味,才会想起怎样"同病相怜"。从某种意义上说,缺乏同理心的人成不了高情商者。因为高情商者善于感知他人情绪,能理解他人的难处,进而以让对方更舒服的方式来处理人际关系。这就是大家会觉得跟高情商者相处时更加轻松愉快的根本原因。

销售员的推销是一个把产品营销信息输入顾客大脑的过程。这个信息输入的效率和效果，取决于销售员的方式方法。无论采取哪一种推销技巧，最关键的因素是消费者是否能灵活运用同理心，让顾客产生共鸣。

当物体振动频率相同时会产生共鸣，人与人心中有同样的想法时也会产生共鸣。虽然我们都把"求同存异"看作是理想的处世态度，但在大多数情况下，拥有同理心才是人们最喜欢的相处模式。所以，销售员传递的营销信息能否让顾客产生共鸣，会极大影响顾客对销售员推介的公司产品及其服务的看法。

比如，南方黑芝麻糊的经典广告词"一缕浓香，一缕温暖"配上小孩子回家喝母亲煮的黑芝麻糊的画面，便引起许多消费者对儿时记忆的怀念。

又如，百事可乐推出的猴王世家主题的广告，通过1986版的《西游记》主角孙悟空的扮演者六小龄童家族四代人的故事来打动"80后""90后"的年轻消费者。

这些广告片卖的"情怀"都是为了激发特定市场受众的共鸣。而销售员在向顾客推销产品时，同样可以运用这个原理，使得顾客发自内心地接受营销信息，认可这款产品。

同理心无疑是一把销售利器，能有效赢得顾客在情感上的共鸣。当顾客体验到共鸣时，就会为了相同的"情怀"而加大消费力度。所以，高情商的销售员总能以此讨得顾客欢心，建立起更为长久的交易关系。但实现这个结果的大前提是你必须具备善解人意的同理心。这一点恰恰是最困难的。

如前所说，有的人天生具备同理心，能敏感地察觉他人心情的微妙变化；有的人天生缺乏同理心，完全无法体谅他人的感受。不过，除

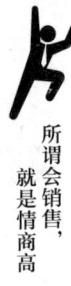

了极少数先天不足的情况外,大多数人都具备一定的感知他人情绪的能力。也就是说,经过认真锻炼后,都可以提高自己理解人心的能力。

销售大师博恩·崔西曾经在《销售圣经》一书中提到了"销售的7个心理法则"。通过加强对这7个心理法则的学习,我们可以更好地领会消费者的思想动态,让自己的同理心变得越来越成熟。销售的7个心理法则具体内容如下:

1. 因果法则

销售的成功与失败都是结果,而这个结果必然有其原因。有些销售员抱怨工作难做,却不去考虑自己到底在什么地方让顾客最终选择放弃交易。有的顾客为了买到一件物美价廉的产品,可以天天逛商场、刷淘宝,边做准备边等待机会出击。他们深知,不投入足够的精力去搜索商品,好东西肯定会被其他消费者抢先拿下。金牌销售员也是同样,花很多心思去研究顾客的购物习惯,把自己带入到消费者的角色中。这样才能弄清顾客做出购买决定的"因",才能得到成功售出商品的"果"。

2. 报酬法则

无论是顾客还是销售员,每个人都希望自己的付出得到相应的报酬。因此,顾客总是希望自己逛商场的"努力",可以收获好的回报,即买到满意的产品。高情商的销售员会利用顾客这种心理,提供更多的优惠政策与赠品,让顾客觉得物有所值、报酬多多。

3. 控制法则

当人们无法掌控自己的生活时,自我感觉就会变差。顾客在交易中也会想方设法地控制局面，与销售员进行不同程度的博弈。虽说销售员必须时刻牢牢把握谈判过程中的主动权，但在无关紧要的地方，可以适当做出让步，满足顾客追求控制场面的主观感受。这样能促使顾客更好地配合销售工作。

4. 信念法则

人的行动是其内心信念的表达方式。金牌销售员在推销技巧变得成熟之前，无不是先在精神信念层面走向成熟。博恩·崔西说："所有信念中最危险的就是自我局限、怀疑和恐惧，它们阻碍你做那些可以使你成功的事情。这些信念让你认为自己能力不够、不够聪明、长得不好、缺乏创造性、没有技巧等。一旦你开始怀疑自己，且让这种自我局限的想法困住你，你就屈服于它了。"其实顾客也是一样。有些顾客渴望某种产品，但并不自信能用好它们。这时候就需要销售员施展高情商，鼓励顾客做更好的自己，大胆买自己想要的东西。

5. 集中法则

当我们把精力集中在哪个方面，哪个方面就更容易取得成就。甚至连我们的工作、生活习惯也围绕这个方面运转。销售员应该避免把自己感到害怕的东西当成主要思考方向。这些都是让你的交易不成功的阻碍。销售员应该集中关注那些积极的因素，并鼓励顾客也积极地思考自己想要什么。能带动顾客的积极情绪，才是高情商的销售员。

6. 吸引法则

博恩·崔西认为，当销售员对自己、产品及服务感到乐观时，就会在其周围制造一个积极的心理能量圈。这个心理能量圈可以吸引更多的潜在客户、推荐人士以及成交机会。简单地说，销售员对顾客的服务越人性化，就越能吸引顾客来找你。因为物以类聚，人以群分，寻找积极能量的顾客更容易被具有积极能量的销售员吸引过来。能做到什么程度，就看销售员的心理能量够不够大了。

7. 一致性法则

一个人的外部世界是折射其内心世界的镜子。销售员无论外在怎样粉饰，其真实性格都会在待人接物的过程中流露出来。如果你希望顾客能与你友好相处，那你首先要对他们报以积极热情的态度。这样才能通过相互影响，实现内部世界与外部世界的一致，即愿望与现实的统一。

EQ 情商课堂

- 感知他人情绪的最高境界，就是拥有一颗善解人意的同理心。
- 同理心无疑是一把销售利器，能让销售员有效赢得顾客在情感上的共鸣，建立更长久的合作关系。
- 销售中的7个心理法则对销售员与顾客同样适用，销售员应当善加利用，进而体察顾客丰富的内心。

自信地拒绝顾客的无理要求

作为销售员，无论业绩多么辉煌，有一点不能忘记：金牌销售员也不是万能的，照样有搞不定的顾客。特别是有些顾客，打心里瞧不起销售人员。部分销售员抱着"没有拿不下的客户，只有不努力的销售员"的积极心态去拜访这类顾客，结果往往被对方的无理要求折磨得骑虎难下。

虽然销售员需要用高情商去折服对自己有误解的顾客，把他们变成自己的朋友和公司产品的忠实用户，但不分场合地执行这个信条，就犯了教条主义错误。

你的智商与情商不是万能药水。并不是每一位客户都对你的产品有需求，也不是每一位客户都能用摆事实、讲道理、谈感情来打动。销售员的能力再强也有个上限，一辈子能接触的顾客数量也存在极值。因此，想要提高销售效率，筛选顾客是不可避免的，拒绝某些难沟通的顾客的无理要求也是不得不做的事。

就在你煞费苦心劝说顾客放弃无理要求的时候，足以让几个优质潜在顾客签订单的时间和精力已经白白流失了。

因此，博恩·崔西在《销售圣经》一书中感叹道："销售中让人压力最大的地方在于和那些消极的、不开心的人相处。只要你和这些人打交道，哪怕只是很少的时间，你也会感到劳累、生气、沮丧。在开发潜在客户的早期阶段，你就要像侦探一样，把那类人识别出来，不在他们身上浪费时间。"

他所说的难以打交道的潜在客户主要有以下几个特征。

首先，这类潜在客户思考方式非常消极，遇到一些小事就不停地怨天尤人，总是对销售员和产品持批判甚至否定的态度。

其次，他们并不接受销售员对产品或服务的性价比的讲解，会蛮不讲理地认为你的产品不如某些质量低劣的竞争对手的产品。

再次，即便你为他们呕心沥血、投入甚多，他们也只愿意跟你做一笔利润微不足道的小额交易。

最后，你没有机会再与他们做第二次交易，他们会主动将你排除在考虑名单之外。

一言以蔽之，这类潜在顾客对销售员不尊重，会提一些不合理要求，也不会给销售员带来多少订单。为他们劳神苦思、呕心沥血，真心不值得。这是销售大师的经验之谈，并且包含了无数销售员亲历过的切肤之痛。

有人把征服一切顾客当作成功的标志，认为抛弃潜在客户就是低情商的表现。假如顾客不好说话且常提一些强人所难的要求，这样的业务才更具有挑战性，更能显示销售员的能力和价值。如果遇到难对付的顾客就退避三舍，那就和抗挫能力极差的胆小鬼逃兵没什么两样。

所以，部分持这种观念的销售员会以"不服输"的精神去刻意啃这些硬骨头。无论这些消极的顾客多么难打交道，都不肯就此放弃。哪怕是顾客故意提一些强人所难的不合理要求，他们也逼着自己绞尽脑汁甚至拆东墙补西墙地去完成。

这些自以为"情商高"的销售员奢望顾客有一天会被自己的诚意打动。结果到头来，这些销售员不光没能得到半点儿收益，反而连最初的雄心壮志也被消磨殆尽，甚至对销售工作的热情也随之冷却。

从根本上说，他们是在恐惧，恐惧自己不能满足顾客的要求而造成顾客流失。他们不敢拒绝顾客的不合理要求，不敢放弃难以打交道而且缺乏开发价值的顾客。结果让自己背上了沉重的包袱，导致销售业绩迟迟无法取得突破。

毫不客气地说，这恰恰是不成熟的表现，是低情商的做法。高情商者的优点之一是能正确认识自己的能力局限，不妄想单凭热血就能搞定一切。假如遇到超出能力范围的事情，他们会果断拒绝，以免背上不必要的包袱。

作为一名职业销售员，满足顾客的要求是天职。但顾客的要求也分合理要求与不合理要求。合理要求应当在力所能及的情况下竭尽全力地帮顾客实现。但不合理要求，唯一的正确应对方式就是果断拒绝。

不要感到不好意思，也不要害怕这样会导致客户大量流失。只有善于拒绝不合理要求，才能筛选出讲道理的优质顾客，远离那些不讲道理的没有开发潜力的顾客。唯有如此，你的工作才能顺利，心情才能保持舒畅。

销售大师奥里森·马登在《对别人不必百依百顺》一文中提到："这个世界上确实有许多人不会说'不'，他们或是不敢，或是不好意思。不敢说'不'的人，往往缺乏实力，他们怕不顺着对方的意思，自己就要吃亏。殊不知越是想讨好每一个人，越是可能谁也没讨好，因为没人

> **EQ 情商课堂**
>
> ⊙ 世界上总有一些顾客很难打交道，他们会经常提出一些不合理的要求，却又不会给你带来多少业绩。
> ⊙ 不懂得对顾客说"不"的销售员，实际上都是低情商者。
> ⊙ 销售员自信地拒绝顾客的无理要求，不仅不会造成顾客的大量流失，反而能得到对方真正的尊重。

珍视他的'好'，却要加倍地责备他可能的不周到。越是想对得起每一个人的，越可能对不起人，因为精神、时间、能力有限，不可能处处顾及，结果服务的水准下降，还是对不起人。就算是他拼老命地应付了每个人，至少对不起他自己。"

由此可见，一味顺从顾客的不合理要求，根本无法赢得他们的好感，只会让他们变本加厉地提出更多的不合理要求，让自己变得不堪重负。

对此，奥里森·马登给出的建议是，只有在你表现说"不"的实力时，对方才会感激你说的"是"；也只有在你知道说"不"的情况下，才能积蓄足够的实力说"是"。只有充满自信与原则的人知道说"不"，也只有别人知道你有说"不"的原则之后，才会信任你说的"不"！

一个能自信地拒绝顾客不合理要求的销售员，才能称得上是高情商。假如不分原则地对他人百依百顺，只会一辈子远离高情商。所以，作为一名优秀的销售员，你应该学会在必要时大胆地说"不"，这样才能真正赢得对方的尊重。

第11堂课 ▶

讲令人心动的话,让顾客乐意说"是"

高情商的销售员总是先拉近与顾客的心理距离,然后再谈销售。说话时多用"我们",可以给顾客造成双方站在同一立场的心理暗示,从而减少双方的隔膜感。在交流过程中,销售员难免会说一些否定意见,为了不伤害顾客的感情,发言之前要有所铺垫,而不能想到什么就说什么。

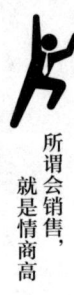

所谓会销售，就是情商高

口若悬河是最笨的推销办法

"效率就是生命"这句话对销售工作也是适用的。销售员谈业务的效率高不高，主要体现在沟通方式上。

新手销售员常犯的一个错误就是，说了太多超出必要程度的废话。当一个人口若悬河、滔滔不绝时，看上去热情洋溢、信心十足，其实在听众看来并没什么真正的感染力。顾客不会觉得你的口才很好，只会觉得你很烦。接下来，就算他们实际上非常需要你推销的产品，也会为了图个耳根清净而对你下逐客令。

销售需要能说会道，但能说会道并不等于是海阔天空、随便闲扯。口若悬河地介绍产品是最笨拙的推销方式。销售员自己要为此耗费更多精力，但顾客并不一定愿意买账。到头来，时间花了一大把，却落得个费力不讨好的结果。

由于顾客通常不了解产品信息，销售员必然要主动讲解。这使得销售员在沟通过程中往往扮演着更主动的角色。但是，沟通是一个双向对话的过程，销售也是如此。销售员向顾客介绍产品时，不只是单方向地输出信息，也要注意接收对方的意见。当他们听完你的介绍后，心中必定会产生某些想法，并试图表达出来。如果这个反馈意见的程序被口若悬河的销售员打断，顾客就会判断产品与自己的实际需求毫无瓜葛，从而拒绝接受产品。

在推销过程中说"单口相声"是非常尴尬的场面。所以，每一位销售员都应该牢牢地记住，双方交谈有来有往才称得上是有效沟通。绝对不能把顾客仅仅视为被动听你说话的对象，要主动引导对方参与双向沟通。

销售大师乔·吉拉德有严重的口吃，天生难以做到滔滔不绝地讲话。他不得不放慢语速，让顾客听得更清楚。与此同时，他也非常注意扬长避短，比别人更注意弄明白顾客的需求与问题。通过简明扼要的讲解与巧妙的提问，乔·吉拉德可以用更少的话语来达成沟通效果。这样既能避免销售员变成"独白者"的尴尬，也能让顾客更容易接受产品信息。

优秀的销售员都对双向沟通的意义心知肚明。为了做到这一点，销售员应当有意识地引导顾客倾诉自己的意见。尤其是面对那些三缄其口的沉默型顾客，可以通过适当的提问来促进互动，让他们敞开心扉。

通常而言，没有购买欲望的顾客基本上不会耐心听你多说话。能给你机会滔滔不绝的顾客，哪怕一言不发也是想买产品的人。他们不说话可能是在边听你的介绍边思考。经验老到的顾客在没有把利弊得失权衡清楚之前，是不会轻易表达态度的。但他们肯定会针对你没有讲解清楚的地方进行提问。销售员可以利用这个原理，在顾客提问时率先提问，以掌握沟通的主动权。

比如，销售员在具体介绍产品性能之前，可以先问顾客平时使用过哪些同类产品，然后询问其对该产品的使用体验如何。

顾客被这样提问后，自然会多说一些自己的情况。销售员就能从中了解更多信息，从而找到顾客最关注的需求点。那些过于"健谈"的销售员总是迫不及待地表达自己的观点，没有给顾客留下思考的余地与表达看法的机会。这样双向沟通就变成了单向灌输，完全没有形成真正的互动。最终，销售员可能直到谈判破裂都依然不清楚顾客的真正喜好与关注点。

此外，销售员在回答完顾客的所有问题后，可以再追问一句："除此之外，您还有什么要求呢？"

顾客是多种多样的，并非人人都是精打细算的小能手。他们刚从销售员这里接收产品的相关信息，不一定能马上想到很多产品使用的细节问题，有些甚至直到正式使用之后才会注意到。但销售员这么一提问，顾客就会再琢磨一下可能存在哪些疑虑。这样你就可以提前解答他们的一部分疑惑。这比顾客事后发现问题再发出抱怨容易处理多了，也能让销售员给顾客留下细心、体贴、专业、热心的良好印象。

情商课堂

- 滔滔不绝地推介产品是一种笨拙的沟通方式，高情商的销售员不该用过多的废话来剥夺顾客的思考空间。
- 如果销售员能够合理运用提问的方式，可以更好地引导顾客进行双向沟通。
- 销售员要学会长话短说，让顾客在最短的时间内了解最多的信息。

发言有铺垫，才能吸引对方的注意力

说话是否得体可以反映出一个人情商水平的高低。同样的道理，用优雅生动的语言来表达，听者会情不自禁地接受；用粗俗的语言来表达，听者会不由自主地反感。用现在互联网上的流行语来说就是"一言不合就发飙"。人是感性的生物，很容易让情绪冲垮了理智的防线。因此，无论你想刺激对方的正面情绪，还是负面情绪，最主要的手段就是语言（包括肢体语言）。

这对销售员来说也不例外。顾客听不听你的意见，在很大程度上取决于你的表达方式是否得体。如果你说的话让他们的情感受到了伤害，他们不动手教训你已经是保持克制了，又怎么可能愿意跟你继续做交易呢？

博恩·崔西指出："你说的话和说话时的态度对销售谈判也是很重要的。在销售谈判中再没什么比积极的态度、微笑、热情、关注别人的销售员带来的暗示性影响更大了。人们都喜欢积极、开心的人。当你对你所做的事情充满热情，当你友好、乐观地看着潜在客户的眼睛时，你就瓦解了他的抵制，他会认真去听你要说的话，并了解得更多。"

什么是得体的语言？关于这一点，并没有固定的章法，只有基本原则。最重要的一条就是能让顾客感受到热情、积极、开心。凡是能达到这个标准的销售语言，都是得体的。假如让顾客的心情变得冰冷、消极、难过，要么是你告知了坏消息，要么是你的措辞让他们不舒服。这就是不得体的语言。

优秀的销售员拥有很高的情商，非常善于观察他人的情绪变化。他们力求自己的每一句话都能引发顾客的兴趣，每一句调侃都能让顾客感到愉快。这样才能在短时间内赢得客户的喜爱，为促成销售创造有利条件。

《销售圣经》中说道："优秀销售人员认真思考他们将要使用的词汇，认真计划他们要问的问题，认真准备销售谈话的开场白。他们知道自己说的话对潜在客户是否严肃认真地对待他和他的产品有强烈的暗示性影响，他们的话不能有任何漏洞。所以他们在见客户前，会把这些话写下来。"

这是一条非常有用的经验，可以避免销售员在正式拜访客户时因紧张过度而词不达意。

销售员拜访客户时最头痛的问题就是对方不给你开口的机会。为此，美国营销大师雷蒙·A.施莱辛斯基提出了一个5分钟原则，即拜访客户时请求对方给自己5分钟时间。

他将在这段时间里进行原本需要15～20分钟的销售展示。假如5分钟内不能引起客户的兴趣，就按约定自行离开。如果客户对他的话感兴趣，他也同样会在5分钟结束时突然停下，假意向意犹未尽的客户道别，顺势引导对方提出进一步深谈的请求。如此一来，施莱辛斯基就能得到一个持续时间更长的销售谈判机会。

　　施莱辛斯基在谈判时做的铺垫巧妙地运用了人们的沟通心理。"酒逢知己千杯少，话不投机半句多"。在他看来，销售员虽然无法在5分钟内完成所有的销售展示，但完全可以勾起客户对产品或服务的兴趣。假如他们真的毫无兴趣，连一分钟都不会留给你。只要客户愿意给你5分钟，说明他们并未把你完全拒之门外。即便游说的胜算不足30%，至少也已经留下了突破口。剩下的全看销售员能否用独具匠心的得体谈吐来打动对方。

　　在实际操作过程中，施莱辛斯基往往只用短短2分钟就能吸引顾客的注意力，然后讲到5分钟就起身告辞。这时候，客户通常已经不再对其警惕，他又会以"在走之前，我希望最后确认您已经完全明白了我的意思"为由，再说个2~3分钟。结果，客户会要求他再继续细谈，施莱辛斯基顺势与之交谈30分钟甚至1个小时。这笔生意就有望谈成了。

　　别看施莱辛斯基只用5分钟就能让顾客乐于与他交谈。他在此之前可能为了说好这短短的5分钟，准备了几个星期甚至几个月，事前把客户的兴趣、观点、爱好和需要全部摸清楚。若是没有这些精心铺垫，他根本不可能在这么有限的时间内来改变客户的态度。

　　施莱辛斯基的成功源于扎实的铺垫工作。几个星期到几个月的全方位调查是第一个铺垫，一开口就跟客户说自己只要5分钟是第二个铺垫，5分钟时间一到就假意起身告辞是第三个铺垫，在顾客挽留后再说2~3分钟是第四个铺垫。

　　对于顾客来说，只说5分钟的销售员不仅是提出一个约定，也是一个自我挑战。这让顾客对销售员在5分钟内能讲出什么产生了初步的兴趣。

情商课堂

- 凡是能让顾客感受到热情、积极、开心的销售语言都是得体的，让他们感到消极、难过的语言便是不得体的。
- 优秀的销售员力求自己的每一句话都能引发顾客的兴趣，让他们的心情变得愉快。
- 为了在正式拜访客户时只用几分钟就吸引顾客的注意力，销售员应当投入大量精力来做事前铺垫。

销售员在5分钟里说一半留一半，勾起了顾客继续听下去的兴趣。就这样，他们为了听完整的内容不断要求销售员留下来继续说，不知不觉就把对销售员的戒心丢到九霄云外了。既然双方相谈甚欢，达成交易不是很自然的事情吗？

所以，博恩·崔西指出："你和潜在客户第一次见面时，你就有很好的机会走进潜在客户的内心，用最初的几句话在他的心中留下深刻印象。你要创造出积极的印象，使客户在接下来的交谈中打开他的心门。"

低情商的销售员总是忽略准备工作，以为凭借自己的随机应变能搞定顾客。这种懈怠之心让他们忘记了销售工作的复杂性。高情商的销售员则会以超乎常人的努力来为第一次客户拜访做层层铺垫，以求提高成交的成功率。这种精诚之心会在沟通过程中传达给客户，从而让他们喜欢上头一回见面的你。

用"我们"代替"我",拉近心理距离

买卖双方的立场是天然对立的。买方总希望能用更少的钱买到更多、更好的商品。卖方则希望自己推销的商品能卖出更高的价钱。因此,销售是一个买卖双方博弈的过程,经过反复谈判与讨价还价后找到彼此都能接受的利益平衡点,这单生意就做成了。不过,找不到利益平衡点的情况也屡见不鲜,双方只能相互道别。

由于这个立场上的差异,销售员与顾客之间总是存在一层心理隔阂。尽管顾客并不是每次都坚持理性消费,但他们会本能地怀疑销售员会占自己便宜。这种心态让顾客常常把销售员拒之门外。如何打破这种心理隔阂,是促成交易的关键。

毫无疑问,对于销售员来说,顾客是外人;对于顾客来说,销售员同样是外人。再好客的人都不会随意跟外人交心,何况是立场天然对立的销售员与消费者呢?

但销售艺术的趣味就在于把不可能变成可能。高情商的销售员能够通过巧妙的话术拉近与顾客的距离,让对方不再拿自己当外人。

为此,销售员在谈判过程中,应该多说"我们可以如何如何",而

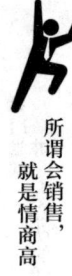

尽量少说"我如何如何"。"我们"与"我"相比多一个字，却可以为销售员与顾客拉近心理距离。

此中道理并不复杂。当一个人说"我们"时，已经下意识地把对方当成了自己人，让听者觉得你和我都是出于同一阵线的利益共同体。心理距离就在不知不觉中被拉近了。而人们说"我"的时候，则是在强调独立的个体——"我"与你是不同的，是有差异的。于是，心理距离就在下意识里被推远了。

销售员在沟通中多说"我们"，相当于释放一个善意的信号。言下之意就是他们不把顾客当外人看。反复运用这种心理暗示，就能解除顾客的紧张对立情绪。假如谈判进展顺利的话，顾客会把销售员当成值得信任的自己人来看，甚至对其掏心掏肺。这时候，销售员只需要顺水推舟就能成功签下订单，为公司争取到一个消费潜力不俗的忠实回头客。

当然，销售沟通并不是光说几句"我们"就能打开局面的。低情商的销售员只会像背教科书那样机械地重复"我们"，而不会真正做到深入顾客的内心。唯有学会设身处地地替顾客着想，才能把"我们"二字心理暗示的效果发挥到最大。

比如，在得知某位消费者的购买动机是向朋友炫耀时，销售员可以跟对方说："A产品坚固耐用，价格低廉，但档次比较普通。B产品价格略贵，但造型美观，有艺术品一般的收藏价值。我们辛辛苦苦赚钱，不就是为了过上更有品质的生活吗？要是在家里放一个B产品，就显得我们很有品位，亲戚朋友来做客时，脸上很有光……"

销售员把"我们"的生活目标与高档产品挂钩，让顾客意识到购买价格较贵的B产品可以在亲戚朋友面前炫耀自己的消费能力与鉴赏品位。这种设身处地的考虑戳中了对方的需求点，对方也自然不会再拿销售员当外人来看。

需要注意的是,多说"我们"只是一个形式。这样做的本质是拉近与顾客之间的心理距离。销售员的表达技巧千变万化,但万变不离其宗,最终落脚点都是消除对方的戒备心。更准确地说,是消除顾客的忧心。

老顾客与销售员已经关系很熟,建立起了足够的信任感。销售员会经常换位思考,站在老顾客的角度来争取更多优惠。这也是为了增加现有顾客的品牌忠诚度。相对于好沟通的老顾客,与新顾客的交流才是销售员真正的考验。

在交易之前,新顾客难免会抱有以下几个疑虑。

1. 产品在功能与质量上是否真的能达到预期效果

顾客会在购买前仔细查看产品,试图挑一些毛病出来。既怕质量真有问题,又便于砍价。销售员的讲解是不是细致到位,对能否打消顾客的疑虑起着决定性作用。只要能在顾客发问时对答如流,基本上就能实现目标。

2. 销售员会不会为了诱导自己多消费而坑蒙拐骗

这是买方与生俱来的恐惧感。如今市场上的虚假广告与夸大宣传也不少,顾客非常害怕被销售员欺骗,花一大笔冤枉钱。他们会抱着怀疑的态度听产品介绍,默认销售员都是自卖自夸之辈,除非自己亲眼验证才能安心。

3. 售后服务是否真如销售员说的那样可靠

不少销售员为了拿下订单,给顾客做出了超出公司售后服务规定范围的承诺。这将为顾客日后投诉埋下伏笔。即便销售员能在短期内冲一下业绩,最终还是会背上更多的包袱。

以上3个顾虑,就是顾客针对销售员设置的心理警戒线。只要能顺利突破这三关,顾客就会把销售员视为可信任的对象,从而接受其推介的产品组合。销售员把陌生的潜在客户变成老顾客,都会经过这样一个过程。

为此,高情商的销售员在与顾客沟通时,不仅会营造出"我们"利益一致的氛围,还会在不违背公司规定与政策的前提下,替顾客设计出更合理的优惠条件。这样一来,顾客就会觉得销售员的服务很周到,深得自己心意。于是双方的心理距离就在不知不觉中拉近了,从而产生更深厚的感情。这样在下一次营销活动中,销售员与顾客就不再是外人了。

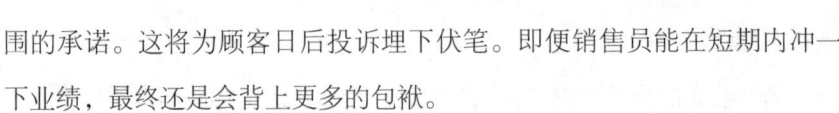

情商课堂

- 销售员与顾客在立场上存在天然的对立关系,彼此眼中的对方都是外人。
- 销售员应当尽量让消费者感受到"我们站在同一个角度看问题"的亲近感,从而消除他们的心理隔阂。
- 当顾客不再把销售员当外人时,他将成为公司品牌的忠实支持者。

勿说顾客听不懂的行话

销售展示的是一门综合性的艺术，但其最核心的部分依然是语言。有些销售员打扮得既精神又体现出个性，举止文雅而礼貌，几乎挑不出外表上的毛病。他们对待顾客也非常的热情亲切，知无不言，言无不尽。但最后还是没能打动顾客，也没有让对方喜欢上自己推销的产品。既然其他方面都已经做得很到位了，那么这个问题就应该是出在产品介绍环节上了。

顾客不讨厌你，却又不与你签单，最大的可能就是他们没有弄明白这款产品对自己有何好处。而你自认为已经讲得非常细致，恨不得把产品说明书上每一个条款都讲出个子丑寅卯来……好了，症结找到了。销售员说来说去都是专业术语，顾客听不懂你的行话，无从判断产品对自己的价值，于是只好带着满腹疑惑作罢。

这就是销售展示语言不够亲民带来的坏结果。销售员最大的失误就是不能站在顾客的角度把问题解释清楚。假如能把产品相关的专业知识（比如性能、型号、成本等）用更加形象生动的方式表达出来，就有很大的希望促使顾客果断下单。不过，这就要求销售员拥有极高的情商，

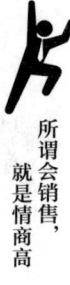

能准确读懂不同顾客心中的顾虑。否则的话,就不能运用最容易让对方听明白的语言来推销产品或服务。

日本保险销售冠军柴田和子非常注意使用生动易懂的语言来做推销。

比如,顾客问投多少保险比较合适时,她会建议对方以年收入的6倍为投保金额基准。那些原本能负担每月2万日元保费的顾客通常会表示打算每月只缴1万日元保费。柴田和子知道这只是顾客的保守数字,只要能让他们意识到多缴纳保费的价值,就能签更多的保单。

于是她会用一些生活小事的支出来做对比说明。比如,"你增加的这些费用平均到每天只有几块钱,也就是少抽几根香烟。再说,抽烟只会损害你的健康,而投资保险却是受益无穷。""你每月在外面少吃一顿饭,增加的保费也就有了。"顾客经过对比后意识到增加投保金额对自己生活的影响不大,关键时刻收益更高,就会同意签单。

柴田和子给保险行业留下了一个著名的论断:"生老病死在所难免,死亡就好比房子遇到火灾,被火烧掉一样。如果把人换成房子,据统计,每70万户房子只有一户会遭遇火灾,从发生的概率来看,一户房子要两百年才可能被火烧掉一次。事实上,人们对火灾十分敏感,认为它值得投保,而对自己的生死大事却非常迟钝,认为没有购买寿险的必要。难道你不觉得这很奇怪吗?"

的确,普通顾客总是自以为身体健康,而忽视人寿保险的价值。但他们清楚火灾的可怕,所以对意外火灾险非常重视。但柴田和子用具体的统计数据做对比,让对方形象地认识到,买人寿保险比买火灾保险更重要。于是他们的固有观念会受到强烈的冲击。

在改变顾客对人寿保险的错误认识后，柴田和子还会试着站在对方的角度来讨论一些人生话题。

比如，怎样让自己的人生获得一个圆满的结局？怎样让自己的家人得到有始有终的保障？怎样让自己在去世后依然对社会做出贡献？柴田和子借此机会把投保与否与顾客个人的生活智慧与社会责任心巧妙地联系在一起，让顾客认为投保是对家庭与社会负责的表现，是一件光荣而有意义的事情。这样一来，他们就不排斥投保了。

对于不同行业的顾客，柴田和子总是结合其生活隐患来推销保险。

比如，她对一家小诊所的所长提醒道："这家诊所完全由您一个人独撑大局。万一哪天不幸遇到麻烦，您的诊所就只能关门大吉了。而且您要为自己的孩子考虑一下，您肯定不想看到他由于您的不测而中途辍学，全家老小过着拮据的日子，所以您需要更多的保障，这款保险……"

除了激发家庭责任感之外，柴田和子还从诊所倒闭会导致员工失业等风险入手，激发对方的社会责任感。经过这两个回合的交谈，顾客会认真考虑自己的责任，于是决定投保。

但是并非每一位做事业的人都喜欢听居安思危的建议。特别是事业处于上升阶段的小企业家，一门心思想扩大再生产，并不希望把资金投入到不产生效益的保险上。遇到这种情况时，柴田和子会换一个角度进行推销。

比如，她会预先设计好一套保险计划，然后对小企业家说："您为了扩大事业，为了赢得社会的信赖，现在就应该开始为员工规划未来。您一定知道十年二十年后，您将担负员工的退休金。所以，应该趁早为他们筹措这笔数目可观的款项啊。"说完，她就会告知这份投保计划可以

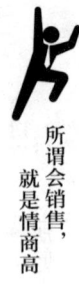

帮助企业解决员工福利问题，还会对企业的贷款有帮助，而且家人也会得到额外的现金。

柴田和子的说辞反复强调了企业家在家庭与社会中的重要性，从而激发其种种欲望和责任心，在不知不觉中就能接受自己提出的方案。

柴田和子说："对客户来讲，他们对保险的投保方法、额度等并不是特别清楚。不成熟的业务员喜欢让客户自己在繁杂的保险内容中进行取舍，而成功的业务员往往会不露痕迹地给客户提一些让客户接受的建议。这样，一方面给客户解围；另一方面会使得客户认为你业务熟练。因此，业务员要了解一些客户通常的问题以及解答方法，同时还要针对不同的客户及其心理提出合理的建议。"

正如她说的那样，不成熟的销售员只顾着用行话来炫耀自己的专业知识，而全然没考虑顾客的接受能力。

高情商的销售员不会用这种生硬的方式来展现自己的专业性，而是用顾客最熟悉的点来举例子，然后用他们一听就懂的说辞来解释产品等相关信息。正是这个差异，让高情商的销售员能迅速获得顾客的支持，赢得比其他人更多的成交机会。

> **EQ 情商课堂**
>
> ⊙ 销售展示的是一门综合性艺术，但最关键的部分是推销话语。
> ⊙ 不成熟的销售员在介绍产品时往往滥用专业名词，让顾客听得云里雾里。
> ⊙ 销售员应当准确读懂不同顾客心中的顾虑，用对方最容易听明白的语言来推销产品或服务。

第12堂课 ▶

销售就是讲合作，与同伴一起成长

在现代市场中，销售成为一项系统工程，光靠销售员单打独斗已经难以维系了。一名优秀的销售员不但要有过硬的个人综合素质，还应该具备出色的团队合作意识。低情商者总是过分高估自己的力量，不屑与同伴协作。这种以自我为中心的态度，注定会遭到团队其他成员的排挤。高情商的销售员则不同，他们自信而不自负，从来不会自我意识过剩。他们心中装着团队的整体利益，懂得合作才能共赢的道理。

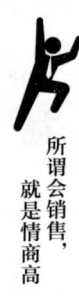
所谓会销售，
就是情商高

自我意识过剩，迟早内忧外患

销售工作既可以单打独斗，也可以团队作战。具体情况还得结合行业与市场环境的差异来灵活运用。不过，最能体现一个人情商水平的，是其在团队中的表现。有的销售员单打独斗的能力很强，但非常不善于与人合作。但在他们自己看来，有没有同伴区别不大，甚至觉得搭档是一种拖后腿的累赘。这类人的自我意识往往过剩，非常容易做出一些低情商的行为。

如何分辨一个人的情商是高还是低？主要标准不是他们是否热衷社交，而是他们的自我意识是否过剩。

自我意识过剩的人往往以自我为中心。当他们能力出众时，会看不起其他人，凡事只考虑一己私利，也听不进去别人的批评意见。可是，当他们能力弱于一般水平时，还是以自我为中心，把所有的过错都怪罪于社会与他人，毫无反省意识。这样的人在团队中无一例外会成为大家讨厌的角色。哪怕个人能力再强，最终这类人也会因其他团队成员的排挤而遭遇挫折。

销售在很大程度上是在经营人际关系，外部的顾客与内部的团队同伴是销售员的两个主要社交群体。高情商的销售员将从这两个群体中获得更多的助力，低情商的销售员则会得到两股强大的阻力。

对于销售行业来说，被顾客投诉是再正常不过的事情。但是，如果被顾客与同伴同时讨厌，就意味着该人很难在事业上取得成就。顾客不满你的做人态度，不愿帮你冲业绩。同伴不愿意共享情报，反而挖你的墙脚。在这内外夹击之下，销售员施展本领的空间就会变得越来越小，销售业绩最终无法摆脱不断下滑的噩运。

所以，高情商者的自我意识总能维持在一个合理的水平。既能有效激励自己正面迎接各种挑战，在关键时刻不退缩、不动摇，也能避免变成以自我为中心的自私鬼，惹得周围的人讨厌。

日本销售之神原一平曾经是个自我意识过剩的坏小子。他家境富裕，深得父母溺爱。由于小时候过着衣来伸手、饭来张口的优越生活，原一平把自己得到的一切都视为理所当然，从来不会感恩与换位思考。这时的他变成了一个生性顽劣、脾气暴躁的捣蛋鬼。

原一平在小学时曾经被老师批评。自我意识过剩的他心存怨恨，用刀片划伤了那位老师的后背。他当时为此得意扬扬，毫无羞愧之心。从此以后，原一平在学校与乡里成了一个令人侧目的混世小魔王。

长大成人后，原一平稍微有点儿收敛，但骨子里依然自我意识过剩。他从故乡长野到东京闯荡，很快在日本观光旅行协会找到了一份推销工作。由于缺乏工作经验，原一平前两个月在60名业务员中业绩垫底。但他个性不服输，暗下决心要成为业绩第一的销售员。可是这份工作没干多久，他就失业了。

后来他去应聘明治保险公司的人寿保险业务员，负责招聘的高木金次主考官见原一平身材非常瘦小，连看都不看他一眼。当原一平表明来意时，高木金次头都不抬地说道："推销保险的工作非常难做，你不能胜

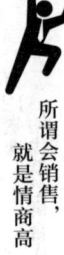

任。"他还傲慢地说，只有每人每月卖出1万元的保险，才有资格进入明治保险公司。

那一年，原一平26岁，为了应聘成功，夸下了"每月一万元保险额"的海口。谁知他马上经历了长达7个月的失败，一分钱保险都未能拉到。由于没有业绩就没有薪水，原一平只得靠借债度日。在拖欠了7个月房租后，他终于被房东像扔垃圾一样地扫地出门。长时间的事业受挫让原一平终日焦躁不安，脾气也越来越坏。

幸好他偶遇了一位老禅师，老禅师指出了他对顾客不具备吸引力的缺点。原一平恍然大悟，又邀请五位同事来批评自己的不足。这一下，原一平才意识到自己一直存在以下5大缺点。

第一，性情急躁，遇事沉不住气。

第二，脾气糟糕，做事还不仔细。

第三，非常自以为是，为人固执，还听不进别人的意见。

第四，知识不够丰富，不足以成为他人的"生活指导者"。

第五，好高骛远，不能脚踏实地。

从根本上说，上述5个缺点都可以归结为自我意识过剩。过分高估自己的能力与潜力，碰壁时缺乏自省之心，把责任推到别人身上，而看不到自己的不足。既然不能明察自身缺点，就谈不上去改进它。阻碍销售成功的种种缺点一直存在，挫败自然也就如影随形。

尽管原一平有着不服输的韧劲，敢于坚持自己的目标，但自我意识过剩的短板让他在很长一段时间内都不讨人喜欢。后来他痛定思痛，重新塑造自己的人格与形象，成了一个客户与同事都非常欣赏的男子汉。

通常情商越低的人，自我意识往往越容易过剩。

有些销售员的性格缺点是过于自负，另一些销售员则过于自卑。两者看似相反，实则都是自我意识过剩的不同表现。自负者过于关注自己好的一面和别人不好的一面，审视自身缺点与发现别人的优点对他们来说是一件很困难的事。自卑者恰恰相反，只盯着自己不好的一面，而不懂得承认自己的优点。说到底，这两种人都太在乎自己，不能正确处理自己与他人之间的关系。

自负者的傲气会让其他人感到不悦，自卑者的畏缩则让其他人感到不屑。自我意识过剩的低情商者很难与同伴协作，从而降低团队作战的效率。这样的销售员只能靠单打独斗来维持业绩，但最终无法与善于团队合作的高情商的销售员进行竞争。

当一个人自我意识过剩时，迟早会陷入内忧外患的局面。所以，销售员想要提高自己的情商的话，消除过多的自我意识是一项必不可少的修炼。

EQ 情商课堂

- 想要判断一个人的情商是高还是低，可以观察他们的自我意识是否过剩。
- 低情商者往往自我意识过剩，高情商者的自我意识总能维持在一个合理的水平。
- 自卑与自负是自我意识过剩的不同表现形式。

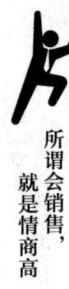

增进情感，及时对同伴表达赞扬与认可

情商理论最吸引人们关注的就是有关人际关系处理的内容。所以，很多人都喜欢把情商高简单地理解为善于处理人际关系。如前所说，这是一个认识误区。但话又说回来，处理不好人际关系的人，情商肯定高不到哪里去。特别是处于团队中的销售员，与其他团队成员既是并肩作战的同伴，又是相互比拼业绩的竞争对手。如何兼顾这两种关系，与其他同伴和睦相处，的确很考验每一位销售员的情商。

俗话说得好："一个篱笆三个桩，一个好汉三个帮。"从理论上说，团队同伴就是你最好的帮手。但在实践中，销售员初入部门团队时，未必会得到所有人的认可。

企业组建销售团队本质上是为了提高产品营销效率。这意味着任何一个团队成员都必须拥有过硬的实力来完成目标。因此，足够的能力是销售员获得同伴认可的大前提。毕竟，谁也不希望队友拖后腿，把整个团队的业绩拉下来。

为此，销售员必须先做出让人信服的业绩，然后才能得到其他人的认可。在团队文化中，只有被全体成员认可的人才称得上同伴，大家才愿意与之共事。如果做不到这一点，就会被排斥。

不得不说，独狼式的销售高手在今天越来越吃不开。现代营销是多部门、多环节共同努力的结果。只有具备团队合作精神的销售员，才能取得更多其他部门同事的配合。只有在团队中具有好人缘的销售员，才能赢得其他团队同伴的信赖。想要做到这一点，就得设法增进自己与其他人之间的情感。其中最有效的办法，就是及时向同伴表达称赞与认可。

每个人都希望得到周围的认可，客户如此，领导如此，下属如此，同伴亦如此。毕竟每一个人总有一些自认为值得骄傲的事情，希望得到大家的赞扬。

按照马斯洛需求层次理论，这属于第四层次的需求——尊重的需要。这个"尊重"不仅仅是自我尊重，还包括被他人尊重与对他人尊重。当一个人被充分尊重、经常得到认可时，他就会获得更多的信心，待人接物也更为和善与热情。反之，如果一个人长期得不到赞美，自尊心就会受挫，看问题会变得消极阴暗，与其他人的关系就处理得比较紧张。

所以，高情商的销售员总是对同伴不吝赞美，充分满足他们被尊重的需要。你越尊重他人，他人也就越尊重你。哪怕是开始与你关系不合的人，只要他本质上不是奸恶小人，就可以用持之以恒的尊重和赞美来消除他对你的误解。

假如你是销售团队的主管，就更要注意灵活运用赞美技能。相对于平级的同伴，团队领导者的认可更能激发他们的事业心，从而在整个团队上营造出团结友爱、积极上进的氛围。

不过，赞美也需要充满艺术感的技巧。有些销售员把"赞美"二字简单地理解为"溜须拍马"，这恰恰是一种低情商的表现。

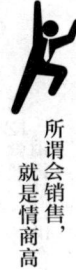

"溜须拍马"就是说好话，阿谀奉承他人。通过满足对方的虚荣心来赢得其好感，从而借其手来完成自己的目标。在销售行业中，不少溜须拍马之辈平步青云，让一些销售员误以为这就是情商高的结果。其实，这里面充满了陷阱。人喜欢吃甜头，但甜过头就会腻得难受。说奉承话说不到点子上，反而会产生讽刺的效果。故而有句谚语叫作"拍马屁拍到马腿上"，说的就是用词不当的奉承话反而触及了听者的逆鳞。

"赞美"与"溜须拍马"表面上都是在说好话，但后者是言不由衷的违心话，前者纵然不是发自真心的肺腑之言，至少也是不太脱离事实的客套之词。

善于溜须拍马的人，说话有一股明显的油滑味道，而且为了讨好对方甚至不惜歪曲事实。虚荣心强的人可能会吃这一套，但头脑冷静或自尊心强的人只会感到非常厌烦。善于赞美的人，用词造句会给大家一种令人信服的愉悦感。他们说的好话通常挑不出什么毛病，让听者感到受用。因此，溜须拍马的销售员可能会碰钉子，但真心赞美他人的销售员则能真正收获好人缘。

销售大师奥里森·马登在《品格与个性的力量》中指出："赞美他人的确具有妙不可言的力量：赞美他人不仅可以激发出被你赞美的人的内在潜能，让他们做得更好；而且也可以拉近你和被你赞美的人之间的距离。你随时可以从这笔'人情资产'中获益。"

作为一名高情商的销售员，平时应该根据不同的情况称赞自己的同伴。具体可以分为以下几个方面。

1. 对待比自己优秀的同伴

高情商的销售员懂得称赞其出色的能力与业绩，敬其为学习榜样。

销售员可以观察同伴最得意的手笔，进行针对性的夸奖，以满足其内心的优越感。

2. 对待不如自己的同伴

高情商的销售员懂得抓住他们少数表现良好的事迹来夸，同时还可以表扬他们的进步。这一类同伴最渴望他人的认可与鼓励，如果你能做好这一点，将赢得他们的信赖。

3. 对待与自己不分伯仲的同伴

高情商的销售员懂得赞美其一技之长，或者其正在努力的地方。这一类同伴比较特别，可能会视你为最棘手的竞争对手，也可能把你当成可以并肩作战的搭档。你与他各有所长、各有所短，故而会打平手。学会欣赏他人的优点，是与此类人建立良好关系的不二法门。

4. 对待领导公开表扬的同伴

高情商的销售员懂得在合适的时间与地点表示祝贺。当然，祝贺时的措辞应该就事论事，不要像溜须拍马者那样将其捧上天。否则的话，就失去了应有的真诚。

5. 对待大家平时忽视的同伴

高情商的销售员懂得给予适当的鼓励。假如你发现他是一时困顿的潜力股，可以表达看好其未来发展前途的想法，以激励其努力奋斗。假如他从头到尾都十分平庸，也可以在遵守工作纪律等小细节上表示赞许，让他感受到尊重。

总而言之，及时而恰到好处的赞美，以平等相待为基础的认可，是促进团队成员友谊最好的催化剂。不过高情商的销售员在运用这些人人都喜欢的社交手段时也深知，不要把自己的赞美当作施与他人的恩惠。毕竟，谁也不喜欢一个嘴上说恭维话实际上趾高气扬的虚伪之人。这种表里不一的赞辞，只会让对方感到受侮辱。

情商课堂

- 想要增进自己与其他同伴的情感，最有效的办法就是及时向他们表达称赞与认可。
- 能否满足对方"被尊重的需要"对处理人际关系有着举足轻重的影响。
- 由衷的赞美比表里不一的溜须拍马更能赢得大家的好感。

别在你的团队中散播"情绪病毒"

团队天然具有聚焦效应，可以将每一个人分散的力量汇集成一股强大的合力。所以，运转良好的销售团队的总体业绩往往超过每一位团队成员个人销售成绩的总和。但是，聚焦效应不光能放大正面的能量，也同样可以让团队中的负能量翻倍增长。当某个团队成员出现负面情绪时，这种情绪可能会很快在全体成员中蔓延，导致整个团队士气低落、人心涣散。

在工作和生活中，谁也不可能天天内心阳光，大家都会不可避免地产生一些情绪垃圾。但怎样处理这些情绪垃圾，取决于每个人的情商水平。

低情商的人往往情绪调节能力较差，喜欢冲别人发脾气。他们只顾自己舒坦，不在乎自己的情绪垃圾会给周围的人和事带来哪些负面影响。高情商的人虽然同样会被坏情绪堵得心慌，但会注意不给周围造成不必要的影响，而是会用更无公害的形式来宣泄情绪。

作为团队的一分子，销售员有义务维护全团队的团结与和睦。无论是作为普通组员还是团队领导，都应该注意不要在团队中撒播"情绪病

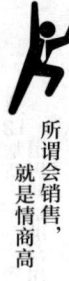

毒"。尤其是后者,会让整个销售部门都变成一盘丧失斗志并相互猜疑的散沙。

综合来看,对团队伤害最大的"情绪病毒"主要分为以下8类。

1. 怨天尤人

销售员在工作中都会遇到一些不顺心的事,相互抱怨一下也是正常现象。但高情商者抱怨之后该做什么还是会认真做下去,低情商者除了抱怨之外什么都不做。有些事情本来大家不是十分在意的,如果某位"祥林嫂"天天像复读机一样抱怨,其他人也会逐渐变得喜欢怨天尤人、斤斤计较,不再用心做事。最终,整个团队会陷入互相埋怨、互相推诿的怪圈。抱怨情绪在团队中的传播力高居所有"情绪病毒"之首,是一股杀伤力极强的负能量。

2. 消极悲观

这种负面情绪会扰乱团队的军心,让大家变得患得患失,不再愿意为前途而努力奋斗。没有人能随随便便成功,金牌销售员也是"吃一堑长一智"这么走过来的。但很多人稍微遇到一点儿不顺就悲观绝望,动不动就想打退堂鼓。这样永远无法做好销售工作。世界上也有不少在逆境中反败为胜的案例。但要做到这一点,离不开坚韧不拔、乐观向上的高情商。遗憾的是,大部分人面对困难和挫折时都会变得悲观失意。所以,管理销售团队时一定要注意及时控制消极心态的蔓延。

3. 心浮气躁

随着社会节奏的加快,浮躁情绪已经成为全民的共同特征。心浮气躁的销售员总是好高骛远，妄图一夜暴富。他们不肯脚踏实地地努力，总是想走捷径。这种急于求成的事业观很容易让团队中的其他人也失去应有的稳健。看上去大家你追我赶、干劲十足，实际上是没打好基础的冒进行为，失败的概率非常高。因此，戒骄戒躁也是高情商者的必修科目。

4. 冷漠如冰

一个团队最重要的是凝聚力，否则会变成一盘散沙。但团队中也存在"冷暴力"，会让成员彼此之间的人际关系走向恶化。具体表现是明着不提意见，但实际上阳奉阴违、拒不合作。这类人往往对团队感觉很冷淡，与同伴们非常疏远，甚至有意无意地把其他人的关系也弄得一团糟。当销售员在团队中感受不到温暖与向心力时，就会跟其他人离心离德，最后离开团队。随着员工的纷纷流失，销售团队的实力也将大幅度下滑。

5. 自卑畏缩

有的销售员自信心不足，总是前怕狼后怕虎、畏畏缩缩的，不敢承担责任。这也是一种情商偏低的表现。带有自卑情绪的人在团队中往往不受欢迎，会被同伴视为不可靠分子。相对而言，大家总是喜欢跟自信满满、魄力十足的人合作，这样心里才踏实。若是让自卑情绪蔓延，整个团队就会缺乏活力与担当，不敢挑战困难，拿不下大客户和大单生意。

6. 嫉贤妒能

有些人看到比自己强的人会感到不舒服，这就是嫉妒心在作怪。嫉妒心是一副摧毁团队的毒药。团队成员之间必然会存在一些内部竞争，但良性竞争与恶性竞争将导致完全不同的结果。良性竞争指的是彼此都以赶超对方为目标，不断提高自己的能力与成就。恶性竞争则不是堂堂正正的较量，而是耍阴谋诡计、相互拆台。良性竞争的团队会变得越来越强大，而恶性竞争的团队会变得分崩离析。如果是高情商的销售员，只会佩服对方的能干并积极学习，而不会由于心里泛酸而背后做小动作。但低情商的销售员要么让嫉妒心压垮自己的精神，要么做出一些危害团队利益的短视行为。

7. 盲目攀比

按照理想状态，团队成员应该相互比实力、比功劳，然后以销售成绩最好的人为学习榜样。但在实际生活中，人们更热衷攀比的是买了多少奢侈品，用了多少名牌。在这些东西上加大投入，对提升销售业绩并没有什么实质性的帮助。相反，可能会让团队成员之间变得越来越浮躁好斗，合作精神大大衰退。作为一名高情商的销售员，不应该卷入这种无聊的盲目攀比风气当中。

> **EQ 情商课堂**
>
> ⊙ 团队的聚焦效应既会放大正能量，也会让负能量的影响力倍增。
>
> ⊙ 对团队伤害最大的"情绪病毒"有怨天尤人、消极悲观、心浮气躁、冷漠如冰、自卑畏缩、嫉贤妒能、盲目攀比、相互猜忌等。
>
> ⊙ 无论是普通组员还是团队领导，都应该注意不要在团队中散播"情绪病毒"。

8. 相互猜忌

由于种种原因，有些销售员只记住了职场险恶的一面，却忽略了团队合作的一面。当销售工作进展不顺时，高情商的人会总结自己哪里做得不到位，而低情商的人会动不动就怀疑是哪位同伴在自己背后下绊子。没有证据的无端怀疑，会让团队成员之间人心惶惶，越来越缺乏信任。这种"情绪病毒"会让销售员变成偏执的被迫害妄想症患者，把整个团队搅得不得安宁。

上述8种情绪病毒会不同程度地出现在我们身边。想要提高情商水平的话，销售员应当从我做起，坚决不在团队中传播"情绪病毒"。唯有如此，才能保持健康的心态与和睦的团队氛围，让销售工作变得更加顺利。

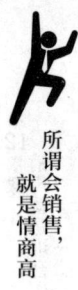

不要把同伴当敌人，用上进心取代嫉妒心

都说商场如战场，其实职场也是战场。人生处处都存在竞争关系。就算是同在一个部门团队的销售员，也免不了要在业绩上有所竞争。站在公司的角度来看，各个销售员就应该相互攀比业绩，激发出自己的潜力，在你追我赶的竞争中不断刷新销售纪录。有的公司执行残酷的末位淘汰制，正是基于这个原因。

但是，凡事都存在一个底线，一个合理的度。大到公司，小到部门团队，本质上都是一个人与人进行协作的组织。团结合作才是团队发展的根本，内部竞争只是驱动力。假如团队的内部竞争破坏了各个成员之间的团结，那么这个团队的运营就是失败的。甚至可以说，上至团队领导者，下至各个销售员，情商都已经低得惨不忍睹。

说到底，人类与生俱来的嫉妒心会在团队的内部竞争中生根发芽。低情商者无论能力是否突出，都会嫉恨比自己表现好的同事。这种阴暗心理会像毒品一样蚕食其内心，将其价值观一步一步带入歧途。嫉妒他人的人，最后往往会为了把别人比下去而不择手段，包括用不道德的手段陷害同伴，不惜将整个团队都拖入深渊。

因此，把内部竞争维持在良性循环的范围内，是销售团队主管的使命。而保持健康的心态，不让自己滋生阴暗的嫉妒心，是每一位团队成员的责任。作为一位高情商的销售员，只会把优秀的同伴视为学习与赶超的对象，而不会将他们当成眼中钉、肉中刺。因为高情商者的头脑里只有上进心，而没有嫉妒心。

上进心与嫉妒心很容易被人们弄混淆。尤其是情商偏低的人，总是把后者误认为前者。

也难怪，嫉妒心强的人没有哪个不羡慕比自己优秀的人。他们强烈地渴望达到同样优秀的程度，为此绞尽脑汁地向上爬。这类人做事往往有很强的目的性与毅力。由于执念比一般人深，他们面对阻力时也更加百折不挠。如果不仔细观察的话，嫉妒心强的人看上去十分卖力，所以很容易让大家误以为这是上进心强的表现。

然而，嫉妒心终究不是上进心，无论外表看上去多么积极，本质上都是一种消极阴暗的心理。

如果嫉妒心强的人在竞争中胜出，他们会以踩着他人为乐，根本不屑与同伴搞好关系。如果他们在竞争中失利，则有可能变得心理扭曲，不再以堂堂正正的方式进行竞争，而求助于某些歪门邪道的伎俩。这无疑会在团队成员之间制造裂痕，让整个团队染上钩心斗角的不良习气。到头来，人人互相拆台而不思合作，谁也无法做好销售工作。最终的结果只有一个：人心散了，队伍溃了，事业也就毁了。

这种局面是任何情商正常的销售员都不愿意看到的。对高情商的销售员而言，嫉妒心是一种必须剔除的负面心理。

上进心能促使人们不断地努力上进，超越自我极限，从而取得更优秀的成绩。无论是外部竞争还是内部竞争，上进心越强的销售员就越能

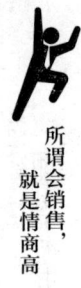

实现更多的突破,取得的胜利也就会越多。

但"天外有天,人外有人",上进心与综合实力本身并不能画等号。你的上进心能打十分,不代表你的综合实力能超过七分。强烈的争胜负的欲望,并不一定能让销售员成为团队中的业绩冠军。不过,遇到这种情况时,上进心与嫉妒心的本质区别恰恰会得到充分展现。

嫉妒心会促使你嫉妒比你强的人,让你的心里像被虫啃一样难受。上进心则不会产生这种副作用。尽管你会为失败感到难过,会不服输,但不会去嫉恨比自己优秀的对手和同伴。当一位销售员以上进心为前进动力时,他的进步将是全方位的。原因无他,走正道而已。

拥有上进心的销售员在受挫或落后于人时,首先会从自己身上找原因。比如,说话用词不当惹怒了顾客,见顾客时衣着不整洁,谈判时思路不清而被对方牵着鼻子走,产品说明书背诵得不够熟练,接待顾客时不够热情,等等。在逐个总结自身问题后,他们会针对这些短板进行强化特训。

比如,不擅长打扮的销售员向专业造型设计师求助,重新设计自己的职业形象;缺乏某类专业知识的销售员,恶补与工作内容相关的专业书籍;对市场风向把握不准的销售员,从头开始做市场调研;说话总是不着边际的销售员,下狠心钻研修辞与逻辑……无论是在哪方面努力,拥有上进心的销售员都是在踏踏实实地提升自身素质,通过加强综合实力来突破自己的销售瓶颈。

这样的人并不会伤害同伴的正当利益,只会在团队中树立一个正面榜样,让其他同伴肃然起敬。假如销售团队里个个都是这样的高情商人士,那么整个团队将进化为美国著名管理学博士彼得·圣吉提出的"学习型组织"。

现在销售离不开团队合作，销售员必须学会以上进心来待人处事。倘若你暂时在团队中处于落后位置，就通过刻苦努力来达到更高的位置。与同伴之间只有光明正大的良性竞争，而不会恶意排斥和陷害同伴。

高情商的人超过同伴时不会为此得意忘形、目空一切，反而会主动帮助同伴共同进步。事实证明，当你拥有一个旗鼓相当的对手时，会被激发出更多的潜力来完善自己。大家你追我赶、相互砥砺，既是对手又是朋友，最终共同成长、共铸辉煌。这不仅是奥运会运动员的理想人生模式，也是高情商的销售员最欣赏的生存发展方式。

因此，力争上游的你，不要把自己团队中的同伴当成欲除之而后快的敌人，而应把嫉妒心丢进垃圾桶里，只保留最纯粹的上进心。这样在茫茫销售大军中的你才能不断精进，成为自己理想中的样子。

> **EQ 情商课堂**
>
> ⊙ 嫉妒情绪不仅让人内心阴暗扭曲，还会引发团队内部矛盾。
> ⊙ 拥有上进心的人无论什么时候都把完善自己视为唯一的成功之路。
> ⊙ 与同伴相互激励、共同成长，是高情商者的做法。

后记

做一个通情达理的销售员

销售不只是简单的买卖行为，同时也是一个重构社会关系的过程。销售员与顾客以产品和服务为媒介相互结识，如果顺利的话，彼此就会成为对方人际生活圈中的一员。销售员通过稳定的客户资源来壮大自己的事业，而顾客可以从自己信任的销售员那里得到更多改善生活质量的好产品与好服务。双方互惠互利，既是交易对象，又是生活中的朋友。这是销售员与顾客最理想的人际关系。

当然，构建这种关系的过程不是一帆风顺的。而且，很多销售员并不能够做到这一点。

由于做事态度不佳，把顾客推到了竞争对手那边；由于缺乏个人魅力，无法赢得顾客的好感；由于推销工作没有打动人心，无法争取更多的回头客。这些问题都可以归罪于销售技巧的不足，但归根结底是因为销售员的情商存在缺陷。

任何业绩斐然的金牌销售员，都曾经缺乏高超的销售技巧，表现得十分笨拙。但他们似乎总能在关键时刻"幸运地"遇到一些贵人，或者赚到了人生中第一笔大单收入，或者被对方指点迷津。其实，他们的"运气"来得一点儿不突然。不断提高自己的情商，树立鲜明的个人品牌，让销售展示变得更能深入人心，这就是他们打动顾客的办法。

虽然每一位金牌销售员的销售技巧都各有千秋，但他们无一例外地都具备一个优秀品质——通情达理。这也正是高情商人士的核心竞争力。

国际销售大师科林·斯坦利曾经指出："情商低的销售员经常会进行一些自我破坏的行为，即便他们接受了最优秀的销售训练之后，也依然会出现这样的情况。与此同时，与他们同龄且具有很强交际能力与高情商的同事，做出来的成绩则会远远超过他们。"

在销售过程中，销售员会遇到各种类型的顾客。这些顾客有着大相径庭的需求，这就增加了销售工作的难度。销售员要做的就是理解不同类型顾客的想法，然后设法满足他们的各种需求。如果缺乏一颗通情达理的心，就无法读懂顾客的顾虑所在，从而无法与之进行有效沟通。

毫不夸张地说，通情达理的销售员都具备极高的情商。他们能够准确感知他人的情绪，找出顾客的心病，同时也能坚持自我意志与自我激励，不至于被沉重的工作压力所压垮。

相信没有人会反感通情达理的人。特别是原本只有赤裸裸的利害关系的交易过程，一旦有了通情达理的人情味，很多猜忌和疑虑就会被打消，顾客也会因为心情畅快而愿意做出更多让步与更大胆的购买决策。

诚然，做一个高情商的销售员不是一蹴而就的，需要在多个方面进行锻炼。但只要坚持不懈地做下去，你就能琢磨出更多打动人心的销售技巧，自己的人格也将得到升华。